湛庐 CHEERS

与最聪明的人共同进化

HERE COMES EVERYBODY

BIG DATA

THE BUSINESS REVOLUTION

升级版

决战大数据

大数据的关键思考

车品觉◎著

浙江人民出版社
ZHEJIANG PEOPLE'S PUBLISHING HOUSE

在我眼中，品觉一直是我非常尊敬的国内数据领域的大师级人物，这是他的第一本著作，也是汇聚了他十几年数据行业经验，呕心沥血的精髓之作。他一直强调数据是尊重人性的，只有有商业实效性的数据才是有质量的数据；一直强调不能只是纯粹地看数据，要用数据还原真实的现实与场景。这些见解不仅对每个企业的未来发展具有极大的指导意义，而且对每个普通人建立数据化思维和进行个人数据管理都有很好的启发作用。这本书贵在坦诚和实用，每个人都能从书中收获颇多。

沈　亚

唯品会创始人，董事长兼 CEO

我跟品觉相识多年。在大数据还没有流行以前，他就开始关注这个趋势，研究数据应用的意义以及怎样真正读懂数据和利用数据。这本书深入浅出，把深奥的大数据讲得生动有趣，非常好读；书里面集中了品觉个人的很多真知灼见，非常值得一读。阅读此书是一种享受，正如我享受与品觉的友谊一样。

林奕彰

eBay 大中华区 CEO

在中国，可能没有人比品觉玩的数据多，更没有人像他一样玩转了大数据。在这本书里，品觉以他特有的通俗易懂的语言风格，讲活了大数据，并结合他在阿里巴巴的实践，揭示了数据化运营和运营大数据的实战秘笈，非常赞！

刘　星

红杉中国合伙人

作为一个企业经营者，说起大数据，最怕只见数据不见价值；作为一个互联网产品老兵，最焦虑于数据挖掘和分析脱离用户场景。本书好就好在实践了作者书中提出的观点，立足应用场景，聚焦如何让数据产生实际价值。因其实战性和创新的角度，值得所有关心大数据实战者认真一读。

张　涛

大众点评网创始人

大数据像铺天盖地的洪水一样涌来！由于近年来数字媒体、网络和移动技术的迅猛发展，数据的积累速度已对数据的存储、管理、分析和决策应用提出了前所未有的挑战。很多企业、政府机构、学校和研究机构为了能在大数据时代继续生存和发展，都在重新定位和寻找新的方向。让我们高兴的是，作为一个先行者，品觉在阿里巴巴已经走出了一条大数据运营的路，并又在运营大数据方面总结了很多成功经验。他的《决战大数据》一书尤其为读者提供了“数据化思考”的模式和框架。通过讲故事、作比喻，品觉打破了大数据的神秘，然而又能使读者产生丰富的联想，开动脑筋，真正理解大数据成功运用的要诀。感谢品觉为“大数据金矿”的探索开发作出的贡献。

程　杰

Acxiom（安客诚）前全球副总裁，数据科学家

“大数据”和绝大多数“新概念”一样，已经成为许多闭门造车者宣扬的主题，而品觉—— 一个被我视为数据科学家的朋友，将他在 eBay 和阿里巴巴近十几年的实战经验进行梳理和总结，使“大数据”不再是一个人云亦云的概念，而是一个可以用心领会和使用的科学方法。

吴　海

桔子水晶酒店集团创始人

品觉的书主要讲的是决战！那么咱们就从兵法的角度来看大数据！只讲三点：第一，对“道”的理解：即分析师对人和事物基本规律的诠释。分析问题千万不要从分析大数据开始，而是要从对人、世界、产品或者商业行为最基本的认知着手！第二，对“计”的理解：计就是计谋！交战之前用“商业智能”的一个重要作用就是要造成信息情报不对等，然后进一步造成了战略优势的不对称，从而造就取得优胜的“势态”。第三，对“胜”的理解：决战的目的是要胜利，兵法上取胜的一些基本的要领比如以快打慢、以少胜多、以众击寡，在大数据分析上完全适用，要做到分析得快速而精准、大规模部署以及产品化等。这次为品觉的新书做推荐，既感到非常感激和荣幸，又感到诚惶诚恐。我的水平非常有限，完全是抛砖引玉，希望读者们细细品味《决战大数据》！

张溪梦

GrowingIO 联合创始人兼 CEO

未来几年将是大数据技术及其应用发展的黄金时期，本书是车品觉老师根据自身在蚂蚁金服以及阿里集团的多年数据实践，并结合理论对数据产品规律进行了深入阐述。本书构思流畅，由术入道，深入浅出，既适合初学者以及业务人员了解大数据的相关知识，也适合专家级别的读者细细品味，无疑是大数据领域的必读书籍。

崔晓波

TalkingData 创始人兼 CEO

大数据领域一直以来都是理论和实作两大山头并立：如果说谈理论是文、卷起袖子实作是武，那品觉兄肯定是这个大数据时代文武兼备的一代宗师，因为他不但在实务界有着丰富的操盘经验与彪炳战功，又能透析数据核心、自创理论心法。最难能可贵的是，他一直以来都禀持着利他无我的气度，对提携数据后进始终不遗余力。听品觉谈大数据，除了“激动”与“热血沸腾”之外，我再想不到更确切的形容词了！

陈杰豪

MIGO 集团 CEO

老车是“手艺人”，数据时代解读数据世界奥秘的手艺人；对我来说，亦师亦友、亦火亦水。我们曾若干次品茗促膝、围炉夜话，人生的起起伏伏、数据的理解与应用、佛法修行，每个话题都始于数据终于数据，获益匪浅。难能可贵的是，我们对数据的理解与应用，观点出奇的一致，相互平添好感。老车是数据的修行者，我十分期待这位无疆行者的感悟与升华之作。一杯清茶、一本好书、一位知己好友，人生幸事。

徐　雷

京东集团高级副总裁

我在阿里的6年

回顾我在阿里的6年，从经历来说，是先负责支付宝，继而负责淘宝，最终负责整个阿里集团的数据工作。实际上，这个过程同样也是我对数据应用的一个历程：**第一阶段用数据，第二阶段养数据，第三阶段从看数据到用数据。**

我在支付宝

加入支付宝之前，业内都认可我是一个比较懂得用数据去设计、优化、迭代产品的首席产品官。彼时我在支付宝，大胆地把产品与数据分析部门结合，积累了不少经验。

• 数据产品化，这个理念随我加入支付宝

说起加入支付宝，其实有些偶然。当时，支付宝邀请我去分享如何用数据做产品。分享会之后，我去了华星大厦的一个会议室，里面坐着 Lucy（彭蕾，时任支付宝 CEO）、Eric（井贤栋，时任蚂蚁金融 COO）。在那个会议室里，他们问了我几个如何能用好数据的问题。当时，我反问了 Lucy 一个问题："你每天大概会看多少数据？"

"大概几十个吧。"

"不对，你不应该一天看几十个数据那么多，

我觉得你应该只看几个数据就够了。”

或许，他们已经不记得我提出的这个问题了，但是我却记得非常清楚。因为在支付宝的两年里，这是我做数据产品时一直遵循的原则。

正式加入支付宝后，我面对的第一件事情就是着手组建数据分析师团队。2010 年的支付宝，公司大部分业务团队对数据团队都不太满意，而且高层对数据能产生的价值也没有太多认识。而数据负责人的调职，也导致了支付宝的数据分析和数据技术部门被分开管理。

面对数据分析和数据技术团队的目标不一致，加上业务部门对为什么要使用数据及如何用好数据充满疑问，甚至有人认为数据分析仅仅是门面功夫，所以技术团队有时候会跟我的团队“对着干”，因为两个团队的老板不是同一个人，他们也没有义务一定要支持我，所以甚至有时候会撇开我们直接跟业务部门对接。

但是最后，我坚持的数据分析产品化路线最终得到了双方的认同，技术团队甚至还主动过来问我：“我们怎么合作比较好？”所以那时，双方的关系从“对着干”变成了“我们会全力支持你”。

终于有一天，Lucy 走进我办公室跟我说：“你知道吗？你们做的产品让我觉得很爽，我很喜欢这个产品。”而当我在支付宝的第二个产品“地动仪”出来时，她对我说：“这就是我梦寐以求的数据产品。”

同事和老板对结果的支持，让我肯定自己在支付宝走的这条路是对的。如果让我总结这其中的精髓，我的秘诀就是：**数据分析也要讲求用户体验。**

简单来说就是，别说是数据产品，哪怕一个小小的数据报告，我们都必须要知道以下 5 个问题：

- 这是什么问题？
- 这是谁的问题？
- 这个问题现在必须马上解决吗？
- 这个问题我们能解决吗？
- 我们有足够的数据来解决吗？

当我“苛刻”地提出“把月度经营报告当成产品来做，目的是让这份报告像 iPhone 一样好用”的要求时，整个团队都傻了：报告怎么能像产品一样呢？！那么，为什么数据报告不可以做到行云流水，让人看起来很爽呢？

所以，我是这么要求的：**首先，报告的前 3 页一定要吸引人，让人有欲望继续看下去；其次，当别人看到一个数据，心里在猜测数据背后的各种原因时，我的下一页报告就要解答他心中的疑问。**

因此，如果要用产品管理的理念来运行分析团队的话，必须要问“问题是什么”，并以此作为切入点。接着，解决用户的问题，得到用户的信任，然后就可以做更多的好产品。这是一套做产品的理念，因为产品需要不断迭代，并非一劳永逸。

那么，我怎么评估报告是否获得成功呢？简单来说，如果一个月度经营报告仅仅 5 分钟就被 pass 掉了，那它肯定是不成功的。

我在支付宝期间，几乎每一个月度报告都会让管理层讨论三四个小时，一份数据报告居然会成为管理层的讨论焦点，每次都会有很多高层管理者关注我讲什么，这时我就知道自己肯定成功了。

当然，我也同时会提醒分析师们，千万别以为靠一份报告就可以解决所有事情，你一定要让业务部门认为这份业务报告是大家一起探索的，这是我管理团队的一个基本理念。

- **用产品化理念管理数据团队，这是推进的秘诀**

总的来说，数据产品化的理念最终得到了 Lucy 及其他高层管理者，以及团队和同事们的认可。那么针对这个理念，我是如何在团队内一步步推动的呢？

首先，我让团队做好基础服务——“白米饭”。为什么叫白米饭？因为对人来说，如果“饭”不够就会出大问题。对于公司来说，如果数据基础服务满足不了我们的用户，那么他们就会跳起来，那时候再高大上的报告也没用。所以，我要求分析团队一定要跟业务部门达成一致，知道什么东西如果我们不提供给他们，结果会很严重。

但是，长期做“白米饭”的分析部门是没有前途的。所以其次，我抽出团队一部分人成立了“突击队”。每当我听到管理层对数据的需求时，就会把信息带到团队，让团队成立两三支“突击队”，让管理层用到有用的、合适的以及具有带探索性的内容。把自己最精锐的部队放在“突击队”里，这个决定非常重要。

但是值得注意的事，“突击队”有一个前提，必须要有人能接触到最高管理层的信息通道，否则无法得到高层的信息。而这个角色就是我，我接触最高管理团队，并且把信息输送给“突击队”。

基于“白米饭”和“突击队”，最后一步，我们开始沉淀数据分析的框架。为什么数据分析框架如此重要？因为它是数据产品的养分。**我**

用建立数据产品为目标的理念来运营一个数据团队，所以数据分析框架才是给到数据产品养分的关键点。

在支付宝时，基于 Lucy 和 Eric 给我的支持，数据产品都是自上而下推行。我先做了“观星台”，这是一个高管的数据仪表盘工具；然后做了“地动仪”，一个给中层管理看的数据产品，接着还有客服 360 等。

所有这些数据产品，都是从数据分析框中提炼出来的。**把分析的理念和框架变成数据产品，本质上是一个数据泛化的过程。**这个过程非常重要，因为数据报告的需求会越来越多，如果没有泛化数据给使用数据的人，分析团队将永远被冗杂和重复的工作所困。

在这期间，我们也做过一个改变。因为“观星台”和“地动仪”还是传统的分析工具，只不过让你有更好的“眼睛”看到更好的数据，用我一直强调的理念来讲，这属于描述性的报告，用于描述一个公司今天做的怎么样。但由于我们有了分析框架，可能稍微会带一点诊断性。所以，这种产品主要是描述性产品，偶尔会做一些诊断，但还未达到探索预测的状态。

在这个看法的基础上我有了个新想法，想法的灵感源于 Facebook。当时 Facebook 已经积极地开展探索性的数据产品，可视化及交互功能已经非常灵活。探索和静态报告的区别在于，用户可以选择自己的角度灵活地去看数据，真正做到“逛”数据。

因此，我们创造了一个产品叫“黄金策”。“黄金策”可以让用户很轻松地在 3 秒钟之内就看到不同标签下用户购物行为的异同。比如，30~35 岁的上海女性，有一张信用卡和多张信用卡的两种不同群体，看她们的购买行为有什么不一样。或者，看广东和上海的女性在购物表现上有什么不一样。用户可以非常轻松地比较不同用户群的购物表现。所以，我认为好的数据产品应该是可以激发用户灵感的。

在做“黄金策”这个产品的过程中，我深有感触的是：**数据行业的人会很容易让技术制约产品的发展。**当时我提出做“黄金策”时，大部分技术工程师都断言，3 秒钟出结果是不可能的。因为以前类似的灵活配置的报告，一般都不能做到即时查询，如果要快速产出的话只能找分析师。即便如此，也可能因为资源排期等原因等待很久。

当时只有一个人站出来说“我可以帮你搞定 3 秒钟”，这个人就是蒋杰（现任腾讯数据中心总经理）。于是很自然地，我就跟蒋杰一起合作了这个项目，并且成了好朋友。后来，蒋杰很出色地帮我完成了这个项目。所以，我觉得做技术的人不应该让当前的技术和思维限制未来的新产品。

就用户体验来说，用户之所以不用我们的产品，其中一个很重要的原因是，没有人愿意耗时太久等一个报告，因为当报告出来之后，他的问题可能早已经解决了。试想，我们拍下脑袋决定只需两分钟，但等一个报告要两个星期，而且报告的结果还不一定能帮上他，你说他会选拍脑袋还是等报告？所以，这也是我们产品人的理念：到底怎样才能解决用户的问题？这也是产品人和数据人不一样的地方。

• 让用户喜欢数据，就会让团队喜欢自己

除了以上这些有关数据的工作外，那时我还做了另外一件事。我启动了一个项目叫“西湖品学”，每年请公司外的数据牛人来分享经验，这是数据人的一场盛会，当时很受欢迎。我做“西湖品学”有两个原因：首先，我认为人们不使用数据不是他真的不想使用；其次，没有人推广使用数据的好处。

那时，我常在支付宝说一个比喻："我右手用得好好的，你突然让我用左手，那你就要告诉我用左手的好处，不然我无法改变我的习惯。"

用数据的习惯也是一样，当他知道数据好用的时候，就肯定会用。所以，每一年的"西湖品学"，我都请外面很多人来讲数据到底有什么好处，让公司内部的数据人知道数据应用的商业场景是怎样的，从而激起更多人对数据的渴望和期待。"西湖品学"就是这样一个全新的尝试。

在数据分析人员中，我们大部分分析员都被戏称为"表哥""表弟"（因为他们每天都要做很多表）。但是，每天仅仅做表的人会有幸福感吗？每天做这么多表，也不知道别人怎么用，没有结果肯定就没有幸福感可言。而"西湖品学"让他们知道，他们的责任在哪里、怎样跟业务对接，他们不仅仅是"表哥""表弟"。所以我的目的就是，不让他们抱怨自己的才华被埋没了，而让他们知道自己努力的价值所在。

当我的分析师看到管理层很激烈地讨论他们做出的报告时，我能看见他们脸上的笑容："不枉我们两个星期不眠不休地把这个报告做出来。"其实，大多数据人都不怕辛苦，怕的就是做出来的东西没人看。

总的来说，我对分析师们要求有些不同。我要求他们对商业有一定理解，这个本身就是我在这本书中提到的"混、通、晒"——**混在商业场景中，把数据与商业场景打通，将数据产品当成载体，把这个东西晒出来，让更多人使用**。当你看到你的用户不能没有你，当你看到你的用户满意的时候，你自然就会感到兴奋，整个闭环就会让人感觉很兴奋。

总结起来，数据产品化的理念是我在支付宝对整个数据分析部门的顶层设计，我一直用这个理念去运行一个部门，决定资源如何配置。怎样让我的数据使用者喜欢用我的产品，取悦我们用户的办法就是帮他解决问题。

然后就是让数据更泛化。我们必须宣传数据的好处，要教育我们的用户如何使用数据。**我们不能假定用户最终会知道数据的好处，而是要一边宣传理念，一边教授技巧，让用户知道怎么用数据、怎么用好数据，知道数据的价值。**

最后一点就是：**让我们部门的员工喜欢自己，喜欢自己的工作。**

我在支付宝的成功，也离不开我的坚持。首先我得益于自己坚持的整个顶层设计的理念，我的老板 Lucy 和 Eric 也十分支持我，给我机会，对我很支持和包容；最后就是我有很棒的下属，能够把我的理念付诸实践。

记得当我晋升到副总裁，成了当时阿里巴巴数据领域职位最高的人的时候，Lucy 曾经说：“在中国，品觉是数一数二的分析师。”这句话当然是对我个人的偏爱，但如果她指的是电商平台数一数二的最好的分析师，我觉得能勉强接受。

每每回想起我在支付宝的两年，甚至离开支付宝到了淘宝之后很久，公司内外依然有很多人对我说支付宝的数据分析团队是最棒的。每当遇到这样的赞美，我都觉得非常欣慰。所以，那段经历让我感觉非常幸福。

我在淘宝

有一天，Lucy 把我叫过去说：“现在淘宝很需要你，淘宝的数据体系需要你去整理。”那是 2012 年年底，也是我在支付宝的黄金时代，就这样我来到了淘宝，开始了我在阿里后4年的时期。

淘宝前两年的经历非常丰富，每每想起来都像过去了10年，我的白发基本上也都是在这段时间长出来的。

• 一样的开始，不一样的数据分析框架

从支付宝来到淘宝，意味着我要重新打一仗。由于我已经在支付宝打了一场胜仗，所以可以照搬很多顶层设计到淘宝使用。但我也不能完全照搬，因为淘宝使用的顶层设计有些跟支付宝一样，有些却完全不一样。

淘宝跟支付宝相比其实要复杂很多，淘宝本身是个自下而上的组织，是个极其复杂的生态圈。有趣的是，当我来到淘宝时，居然面对的情况恍如回到了入职支付宝时的情形：团队的人差不多都走光了，我感觉就像踏上了一块杳无人烟的新大陆——分析师只剩下几个人，而且我被告知这几个人还会陆续离开。

面对这一切，我做了一个今天想起来仍然感觉很勇敢的决定：我说我不会带支付宝的一兵一卒过来。所以说，我是在支付宝建了一个完整的团队，然后在淘宝又重新组建了一支全新的团队。这段经历其实让我很痛苦，但也是极为珍贵的人生经历。和支付宝时代面对的团队不一样的是，我需要同时管理分析及技术团队，所以在淘宝不用经历支付宝前期那段业务分析和数据技术目标不一致的痛苦。

当时，淘宝的数据技术团队很乱，而且是累积多年的乱，所以要整理淘宝的数据体系，只用顶层设计和数据产品的方法来做，肯定是行不通的。

但还好此时我已经有很多经验，加上当时的总裁三丰跟我的感情非常好，比起我在支付宝时，其实办事更容易。比如在支付宝我还不能直接问 Lucy 到底你要什么，但在淘宝我可以随时到三丰办公室问他要什么，在支付宝我只是一步步尝试满足 Lucy 的需求，而在淘宝我有管理层的绝对支持。所以，我遇到的问题都是来自内部，没有外在问题。

在淘宝的分析团队中，我也同样分别推出了“白米饭”“突击队”和分析框架。不一样的是，我们很难给淘宝定 KPI 去说达到某个程度就是做得好。如果你说这样就好了，你会发现另一个指标可能就不好了。

也正因如此，当我们要建数据产品的时候，我犯了一个错误，我想用一个自上而下的方法去做，最终发现这在淘宝行不通。尽管得益于我在 eBay 的经验，对淘宝这样的双边市场比较熟悉，但后来我依然觉得淘宝的生态圈非常复杂，其分析框架和支付宝非常不一样。

当我发现自上而下的方法不行之后，我就逐步去做更多能发现问题的数据产品，总体来说还是：**坚持数据泛化的方向**。在阿里淘系这样自下而上的组织来说，因为权力已经下放给每个“小二”。泛化一个产品相对来说比较容易，每个“小二”需要数据帮他们做决策的时候，如果让他们每个人都用数据产品，这相比在支付宝时期其实更容易。反而因为数据非常零散，我们要决定到底如何做好一个数据产品，知道如何化繁为简更重要，因为虽然有资源，但是要用资源的人也很多。

关于在淘宝所做的数据产品我这里不再一一赘述，值得一提的是，我们当时做了一个非常重要的决定，就是移动终端。那时候，很多淘宝的消费者都开始使用智能手机，我就决定我们一定要做移动版的阿里数据 App。淘数据这个 PC 产品在我来淘宝之前已经存在，只是一直不温不火，不是没人去使用，而是产品的用户体验不好。因此，当我们用移动版取代 PC 版之后，发现很多高管及中层管理一下子变成了午夜常客，我就知道自己的决定是对的。

此外还有一件事就是数据服务，当时需求也已经显现出来。因为我们这个部门承担的责任不仅是数据分析，还有数据底层的搭建。虽然我的业务分析团队当时只服务淘宝，但是数据技术团队要服务天猫、淘宝、聚划算等多个业务部门。这需要我们在数据服务上分几个层面去做：一是除淘宝之外的天猫、聚划算事业部的数据产品我们也帮他们做了；二是我只建数据中间层，别的部门可以用我们的数据中间层来建他们的数据产品；三是提供数据服务，我用早期的数据服务方式把数据输出给其他部门使用。这就是我在淘宝的前半部分时间的情况，上半身（分析师）是淘宝，下半身（数据底层）是集团。

- **建立数据公共层，是阿里大数据的开始**

进入阿里集团的这几年里，大部分业务部门的分析师都归我管理，同时数据平台和技术底层也都在我这边，所以我的业务就演变成了集团数据技术及产品部，内部叫 DT。

回想淘宝期间，我一直觉得如果我能早一点整合数据底层团队，收获会更大。整合数据要花的力气往往跟数据的离散、不规范、各自为政很有关系。有时白纸一张重新开始，比起消耗大量时间在处理老问题更简单得多。

而对于我们整个 DT 部门，这时候有两个新的使命：**一是做对外的数据产品，即生意参谋，同时也逐步把集团中其他对外数据产品例如数据魔方及量子报告等综合到生意参谋上；二是建立数据公共层，数据公**

共层是结合了集团各业务群的共享资源而成的数据服务，希望可以成为内部的 DaaS 模型。

数据公共层的起缘是因为当时集团各个部门建了很多自己的数据“烟囱”，重复建设严重，导致数据的存储、加工等资源严重浪费。怎么把各个“烟囱”中的数据分为专有和公有，并且把公有的数据放在数据公共层，这是我在这段时间内耗费精力最多的事情。在我眼里，这个数据公共层也是我认为在大数据中最重要的东西，我也在其中学到了很多经验。

前面提到的那些应用，我们都可以称之为“数据”，而这时才是“大数据”。**“大数据”的意义就在连结，数据公共层就是跨业务群的精华，让所有人能把其他人的数据冗余利用起来，这时“大数据”才算做了起来。**

我这么说，不是说我们以前没有数据共享，而是从前都是零散和没有计划地分享及同步数据，有点小打小闹。到了正式建立数据公共层的时候，才有人去整合全集团的所有数据，把它当成一个数据资产共建来看待，所以数据公共层后来就被 CEO 定义为公司唯一的数据资产的收集与加工的部门。

- **“混、通、晒”和“存、管、用”，帮我打通数据闭环**

在我淘宝的几年生涯里，一个非常重要的项目让我永远难忘。

有一年，马云让我们把聚划算自动化，在我眼里其实这就等同于商业版的无人驾驶技术——因为，要把聚划算这个部门的品类规划、选品、定价等流程自动化，让机器决定什么产品哪天上聚划算。它要求整个链条中的决策都要自动化，而没有人参与其中，这对我们数据的收集、加工、提炼等整个链条的能力都提出了非常大的考验。

而且，这个项目也是真正实验如何在业务运营中使数据技术成为主干的一步，数据能力、算法要完全融入到业务流程当中，每个环节中的数据回流等成为闭环的一部分。

好在这时我们的部门已经是一个具备全方位支持能力的，能够覆盖数据的准备、加工、收集、分析、整合到使用整个链条的部门了，而且我的数据科学团队也已经开始涵盖集团中很多不同业务的项目，甚至连交通这样的政府项目都有涵盖。

我这段时间的经历，我想说我很荣幸，能够用我的白头发换来亲自经历一场人机大战的故事，让我可以在过去 3 年中接触到这么多数据甚至整个数据链路，最终我实现了数据应用的闭环。要做好数据，我们首先要在数据使用的闭环中让数据越来越容易使用，同时在数据准备的闭环中，让制作数据的成本越来越低（见图 0-1）。

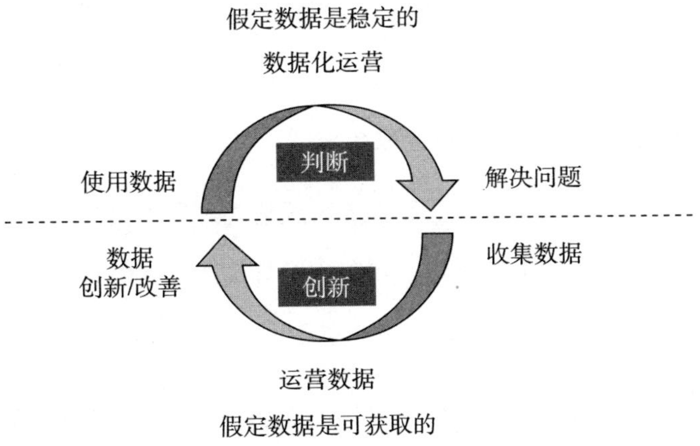

图 0-1　数据化运营和运营数据的闭环系统

闭环系统中，虚线以上用户能很简单地使用，虚线以下是让数据制作变得更快更自动化。一个是使数据产生价值，如何让多种多样多变的数据原材料很快、很灵活地重组，并且使它相对稳定，这就是做数据基础建设天天要去想的问题。如何让使用数据变得越简单越好用，这是两个闭环。

这就是我曾提到的“存、管、用”和“混、通、晒”。“存、管、用”就是用技术而不是人工的方法去做资产或材料管理。**怎样评估是不是做的好呢？得看数据有没有、细不细、全不全、稳不稳、快不快**。所以，一旦把数据管理好了，我们就会很灵活很快地做出数据，并且在使用的时候产生很大的价值，到底我们提炼到的是垃圾还是黄金就取决于此。

以往用数据要“混、通、晒”，养数据要“存、管、用”，经历了支付宝和阿里集团的 6 年后，我觉得以上每个环节都已经出现很多创新，比如感知 (sense) 技术的创新让数据收集层面多姿多彩；存储的格式会更适合于数据灵活调动；人工智能除了直接服务于产品外还可以增加数据的识别度；大家都已经意识到数据的互联互通及质量保证是 DT 的基础……

• 整合和配合，数据团队要学会取舍

在淘宝的几年，可以说是我在支付宝成功之后的收成期。得到领导的信任，拿到很多重要的项目，很多人都想加入我的团队，人才也不再是一个问题。

从我进来淘宝到现在，数据团队一直是急速奔跑的团队。我进淘宝时，团队仅仅 7 个人，如今已经发展到 700 多人，规模扩大了 100 多倍。与此同时，数据部门承载的管理层的期望也越来越高，也越来越在聚光灯下。

团队发展时，我一直比较纠结员工配合的问题，工程师和分析师的合作是数据部门的一个“死门”。因为分析师总是想把脏活给技术的人做，而技术的人觉得这是个苦差事，总是想做一些比较偏业务的事情。这两者之间常常都不满意各自所在的位置，想跳出自己的圈圈。此外，分析师也有一些配合的问题，比如决策分析和业务分析两种分析师到底该怎么区分，怎么让大家一起合作一直是个难题。

这样的配合我认为是数据和业务团队的整合。中央部门的数据团队一定要面对一个很残酷的问题：什么东西是我们该做的？什么又是当时机成熟之后要放手到业务部门的？

简单来说，就是谁做得好就应该谁来做。2014 年时，我也曾想把商业分析团队放回到各个业务部门中，结果业务老大都不同意，认为我管更好，谁做得好归谁。

在很多项目中，我发现只要业务部门一旦看到数据能帮上他的忙，而且是非常重要的东西时，他们就会把应用的东西拿回去。所以中央部门不用强求，只能做小项目。在大项目中，大部分业务团队都有自己比较好的应用场景，都能更好地进行试验。所以，中央部门慢慢要形成好的数据中间层，这是关键。

中央部门很难做好应用，分析师也一样。应用和分析师都需要对业务场景非常理解才能做好。而底层的数据怎样更灵活、更快、更容易给用户使用，肯定是中央部门需要做的。

但划分不是完全绝对的，而是你中有我，我中有你。决策分析肯定最好放在中央，因为决策分析是服务整个公司的，帮助 CEO 来看大盘，肯定不能用业务部门的视角。

数据则分公有数据和专有数据，专有数据要回到离应用比较近的地方。公有数据是公司最有用的资产，在中央部门集中管理，让它成为很重要的材料以供别人使用。那么，边界怎么分？我只能说：**只要大数据的情况越泛化，中央部门所需要承担的责任就越重，也越集中、越具体。**

这些年来，我觉得现在阿里的数据依然没达到我理想中的蓝图，主要有两个原因：一是整个大环境还未形成，二是阿里的数据环境才刚开始，演变是循序渐进的过程。这个过程，是急不来的。

我看数据科学

在 2010 年年底，我就意识到有大数据的出现，所以当时就跟 Lucy 提出，支付宝要有一些数据科学的人才储备，但可惜的是，我虽感觉到了新时代即将来临，却未能正确地指出机器学习的趋势，所以没有大力引进。

而到了淘宝后，我是第一个在管理层力推大量招聘数据科学家的，当时还有其他高管质疑我的做法。但在当时淘宝总裁的大力支持下，我终于如愿。记得我招到第一个数据科学家后，我们每周都会在我办公室约谈，用非技术的语言聊数据科学家是做什么的，以便很快加深我对数据科学的理解。

传统的数据科学家常常是博士或博士后，研究的方向是机器学习。数据科学家的出现其实是个演变的过程，几年前企业的数据应用都是看多用少，不够直接，也很少涉及机器学习、算法等领域。

从数据科学家进来的那天开始，我就认为他们是不可缺少的，他们的工作不是今天的数据分析师和数据挖掘工程师能做得了的，虽然数据分析团队中也有数据挖掘的人，但数据科学和数据挖掘是有所分别的。

我认为合格的数据科学家应该是有产品意识的，为了解决问题会更偏重于找到问题的原因，然后寻找最好的方法来解决它。所以可以说，区别就在“科学”这两个字。

数据科学是科学不是工程，工程追求效率，科学追求真理。如果数据科学家做得太实操，就会变成一个数据挖掘工程师。如果他“飘”在空中，便没办法在企业中生存。

企业想要找到既能上天也能落地的数据科学家很难。在我眼里，一个企业如果有这样的人，就像三国时期刘备有了关羽。但可惜的是，这世上的关羽少之又少。

在这种情况下，企业应该把事情分为长中短线来看。**顶层设计要比较清楚，让数据科学家能做一些比较有难度的事情，让能落地打仗的工程师去做落地的事情。**这两者如果没有好好区分，他们之间就会“打架”，这样企业耗不起。此外，从企业环境来说，一个公司到底有没有科学精神，也会非常影响数据科学人才的落地。

经历过对数据科学的理解后，回想我在支付宝做的最后一个“黄金策”，如果今天让我重新做这个产品，我不会用以前的方法，因为今天的技术和曾经的技术已经不一样了。

“黄金策”给人的感觉是可以发现很多东西，但同时能发现的东西也是有局限的。虽然有 600 个或 800 个用户变量给你自己组合，但数量还是只有 600 个或 800 个，能不能有 6 000 个或 8 000 个呢？从今天的技术来讲，用深度学习的方法，有些环节机器会比人做得更好。

6 年来我所做的工作都是人用经验提出一个假设，然后用数据来证明哪个假设更可能。到今天为止，让数据告诉我们新的发现，而不是人的经验，还是少数情况。但数据带来的这些新发现，是人类以前的逻辑中所没有的。换句话说，**数据重组了这个世界的“可能”**。

这是人类为什么要花很多资源去做大数据的原因所在，因为人类的思考本身是有局限性的，如果使用集体智能，用深度学习的方法来找出人都提不出来的假设，然后通过人机协作找出未来的新世界、新智慧，这就是数据科学要走的路。

数据科学如果不是每天都在进步，每天不满于今天的状态去 PK 以前的理论，就不是数据科学，而是死工程。数据科学每天都在突破以前的理论，因为以前的理论只能解决某个点，以前的顶层设计只适合于以前的情况，未来的顶层设计怎么样，需要我们不断去探索，而科学就是探索。

如何让大数据帮助我们更好地洞察和决策？
扫码下载“湛庐阅读”App，
观看作者车品觉演讲视频。

BIG DATA
The Business Revolution

目 录

第二部分 阿里巴巴的大数据秘密

第三部分 没有数据，就没有未来

忘掉大数据

我们正处在历史的转折点上，数据技术在快速变革。大数据成了人们竞相议论的热词，但鲜有人提及这场巨大变革中人们需要具备的能力。无数的企业及个人望“数”兴叹：“大数据与我何干？”未来是大数据的时代，未来的竞争就是数据的竞争。也许，我们早该忘掉那些华而不实的喧嚣，让大数据真正从“看”到“用”，真正“活”起来。

大数据的力量来自触类旁通的关联。我们以前总是用数据来证明或企图说服工作上的盲点，而如今的数据不再是一加一的依据，而是具备了预测和开创新机的能力。

用数据找机会

我第一次见证大数据的魅力是在 17 年前，只是当时的我并不知道那就是“大数据”。20 世纪 90 年代初，我结识了一些以博彩为生的朋友，这些人组成了一个团队，每年通过赛马就能盈利数亿港元。我非常惊讶，要知道很多人在赌马场上可是血本无归的，而他们却能把这种概率游戏变成稳定的盈利工具。原来，他们的秘密就是使用了一套“养数据”策略——将每一场赛马比赛的过程都录下来。当时我觉得这个做法很奇怪：“电视上已经在播放录像了啊，还另外录制比赛干什么？”后来我才得知，他们居然在每场比赛中都会录制赛马不同角度的录像。通过这些录像，他们会分析出骑师、马匹有哪些失误动作、这些动作会带来怎样的后果，然后再把这些数据“清洗”出一个更准确的数据（Smart Data）。赛马过程中有许多意外，而他们利用数据来还原——如果在没有意外发生的情况下，马匹在不同场地与不同骑师配合中的应有速度。就这样，他们可以更准确地判断出每匹马的实力和获胜的机会；通过悄无声息的数据收集，每年入账数亿港元。

令我最为震惊的是，他们竟然不看表面数据，而是从无限数据的机会中寻找核心数据。

这正体现了大数据与传统数据之间最大的不同。**以前，我们是“有问题找数据”，而在大数据时代，其最核心的特质则是“用数据找机会”。**我们做大数据，必须要有一个预判，那就是哪些数据是你必须要提炼出来以解决盲点的。赛马的结果其实充满了“意外”，新的数据角度帮助我们一窥真实的结果，那就是“用数据来还原真实”。

只有实效的数据才是正道

现在，大数据的概念纷繁复杂，媒体上充斥了各种关于大数据的报道，但其中不乏牵强附会、滥竽充数的言论，某些媒体甚至把简单的统计也冠上了“大数据”的头衔。

作为一个跟数据打了十几年交道的人，我深深地知道从“看”到“用”，再从“用”到“养”的数据运营，本身就是一个复杂的过程，而我们目前最应该做的，就是暂且忘记大数据的概念。行胜于言，只有具备实效性的数据才是正道。我希望从实用的角度来拨开大数据的“面纱”，告诉每个人大数据的具体运作应该是什么样的。而且，数据量不是最重要的问题，我们要的不是数据的量，而是有“质”的量，这正是我写作本书的目的。

数据，决胜未来的商业利器

在这个风云变幻的数据时代，只有让数据成为商业的利器才能决胜千里。

首先，我们需要拥有一套具有商业敏感度的数据决策框架，可以使企业“看”得更准，并能够对近期所做哪些是对的、哪些是错的进行判断。这样一来，快速的数据反馈可以让每个决策误差得到及时修正。其次，让数据真正从“看”到“用”，让用数据成为构建企业生产力的重要部分。再次，让 DT 战略深入到企业的每个角落，使数据从生产、收集、使用、分享到反馈变得简单易用。最后，让 DT 战略落地还要特别注意数据的稳定、准确、时效和有效实施。

在阿里巴巴，我学习到一个很重要的经验——人和事是分不开的。企业要想成为一家数据化的企业，文化的培养必不可少。“混、通、晒”及“存、管、用”两套内功是让企业的血液（数据）流动起来的关键。数据流动得宜，则神清气爽；相反，数据如果出现停滞或质量问题，企业则性命不保。

锻造数据力和思考力的合力

大数据时代的到来，让我们第一次遭遇了数据化带来的机遇和滚滚红利，也让我们的思维方式出现了重大改变。**很多时候，我们欠缺的不是解决问题的方式，而是定位问题的能力。**我们应该思考，有没有数据可以改善我们的盲点；我们该如何学会用“假定数据是可获取的”来重新思考周围的一切。当数据化思维成为你的直觉式思考时，就能够把数据的力量和思考的力量融合在一起，产生新的无与伦比的合力了。到那时你会发现，周围的一切都将因此而焕发出新的生机。

最后，衷心感谢帮助我完成这个看似不可能完成的任务、写完这本看似不可能完成的书，并最终付诸实践的老师及朋友们：

感恩给予我写这本书勇气的雪谦寺拥珠扎西仁波切；

感谢一直帮助我推动这本书前期工作的林君君；

感谢用业余时间协助我完成写作及案例工作的赵军、李江、吴慧敏、欧吉良、张大红；

感谢湛庐文化专业的策划和编辑团队；

更感激家人一直容忍着我的忽视……

正如数据是一种信仰，万法唯心，每一刻的进步都来自真诚的对待！

品觉

于西子湖畔

特别说明

1. 本书观点乃作者十几年经验心得的分享，只代表个人立场。
2. 本书所有版税收益作者将赠予上海美丽心灵社区公益基金会桑珠利民专项基金会作助学用途。

BIG DATA

The Business Revolution

第一部分

从数据化运营到运营数据

BIG DATA

The Business Revolution

数据十诫

1. 一切从定义问题开始，问题问好了，答案就在里面。
2. 在万物皆数据的年代，要以“假设数据都能获取”为前提去思考问题。
3. 数据助力企业的“四部曲”：描述现况、深入诊断、预测趋势、指挥行动。
4. “快 + 准”的数据，让我们可以从已知规律中寻找价值。
5. “广 + 乱”的数据，给予我们从发现中获取颠覆过去规律的能力。
6. 大数据不是独奏，而是不断连接无处不在的数据。
7. 数据技术就是加速和积累（数据、分析、服务）的能力。
8. 大数据生态的连接需要建立标准与规范。
9. 大数据是诸多小数据的组合。
10. 数据是一种信仰。

01

大数据，为什么很多人只会谈、不会做

BIG DATA

The Business Revolution

有人说，大数据就像国王的新衣，每个人都在国王面前说着动听的话，国王信以为真，其实他并不知道自己在裸奔。

的确，网络上有很多人在谈大数据，但是他们只会谈，不会做，因为他们根本就没有做过，包括那些所谓的“大数据专家”，他们真的做过吗？没有。事实上，这些人对大数据内在的问题一点儿都不了解，更别说知道大数据的水有多深了。

目前，在大数据方面，无法深入应用的原因在于，从收集到使用的大数据价值链出现了问题。从理论上来说，从收到用的螺旋式循环是一个巨大的涡轮，只有先数据化运营，然后才能运营数据。而现在的情况是，**用数据的人不知道大数据从哪里来，做数据的人不知道大数据如何使用。想用的人不敢用，因为担心大数据的真实性；**

做的人不知道怎么用，因为大数据的复杂性。这一问题造成的结果就是，数据量变得越来越大，而且越来越无法有效地使用。

大数据从来不是免费的午餐

> 大数据从来不是免费的午餐。大数据的来源是多渠道的，偏倚、随机的误差总是存在。

我先问一个数据管理上最现实的问题："大数据如何备份？"毫不夸张地说，大数据已经这么庞大了，如果再备份一次，你的成本起码会增加一倍。

做大数据基本上都要从大量收集数据开始，因为这些数据在未来会大有用处。但是，你是不可能无止境地收集下去的。在这里，你已经看到了一个再清晰不过的伪命题：大数据的确能够备份，但是成本会增加两三倍。然而，"以前重要的数据肯定都需要备份啊，"你自然会问，"如果不能备份，我该怎么办？"而这就是大数据管理中必然会遇到的一个问题。

我再问一个问题，如果你在数据使用方面一直得心应手，整个商业链条和数据紧密相关、相辅相成。但是，现在数据链忽然断了，或者不再有效了，此时你该怎么办？

需要注意的是，这一问题说的不是你有没有使用好数据，而是说曾经你可以得到的数据现在无从获得了；或者说这些数据不能再在线上收集，只能从线下获取，成本也就相应升高了；抑或说，这些数据存储在其他地方，你不能使用了。在诸如此类的情况下，你该怎么办？

当然，如果你对数据的使用本来就很生疏，而且也觉得无关紧要，那么数据链消失了、断裂了、失效了，你也不会有太大烦恼。但假如正当你将数据使用得风生水起的时候，出现这样的问题，那你也只能束手无策，眼睁睁地看着机会溜走。

大数据从来不是免费的午餐。伴随着大数据热潮的到来，关于大数据的一些新问题层出不穷——大数据会夹杂着虚假信息；大数据的数据量很大，但有用的信息不一定多，甚至还会破坏核心信息；大数据的来源是多渠道的，偏倚、随机的误差总是存在。

但是，我们也需要客观地认识到，大数据现在面临的这些问题，其实就是把小数据中的一些问题放大了。小数据中难道就没有噪音会破坏我们的核心信息吗？当然也有，只不过当大数据把数据量放大和变多的时候，噪音的破坏性也会相应变大。小数据中难道就没有渠道偏倚和随机的问题吗？当然也有，但是在大数据的背景下，问题被更明显地放大了。

人的断层

> 断层才是大数据所面临的最严重的问题。收集数据的人并不清楚未来使用数据的人要做什么，这是目前大数据运用的一大关键命门。

说了这么多，事实上还没有触碰到如今大数据面临的最大问题：人。

很多人都会问，大数据能带来什么价值？怎么衡量大数据创造的价值？事实上，最直接的衡量标准就是，在经营上它为你赚了多少钱，带来了多少实际的利润提升。

对于这一问题的解决，现在很多人倾向使用的方法是计算“在用了大数据之后，点击率提高了多少，转化率提高了多少”。但是要知道，转化率和点击率能提高的数据，可能根本不是投资人或公司最高管理者对大数据的期望。对于业务人员来说，转化率能提升 5 个百分点就已经非常好了，如果将转化率从 2% 提高到 3%，简直就是奇迹了；但对于公司最高管理者来说，这并不是他想要的大数据。

你需要认识到，**断层才是大数据所面临的最严重的问题。收集数据的人并不清楚未来使用数据的人要做什么，这是目前大数据运用的一大关键命门。**

在使用大数据时，我们通常的做法是先把数据收集起来，因为我们知道在未来的某一时刻，这些数据对我们可能有用。不过，“未来可能有用”就注定会引发一个问题：收集数据的人不知道未来使用数据的人要做什么。这时候，如果你再问收集数据的人“如何才能更好地收集数据”，那么，数据的使用就会陷入一个死循环。

事实上，不仅是收集数据的人，就连使用数据建模的人，同样也不清楚当前的数据是如何获得的。数据建模是数据使用的关键环节，使用数据建模，就是根据以往的经验从中寻找到一些潜在的规则，然后把这些规则结合起来去解决问题。

举个例子来说，我现在身上只有 10 元钱，我可以用它买一本杂志，也可以用它坐几次公交车，或者可以用它来买方便面充饥，这三种选择在一般情况下都是可行的。但是，如果再加上一个“我没有吃早餐”的场景时，在以上三种可能性中，我选择去吃方便面的概率自然会比较大。这其实就是一个简单的模型——输入“拥有 10 元钱”和“没有吃早餐，肚子饿”这两个场景，输出“买方便面”这个结论，它帮助我们快速选择了一条解决之路。

选择“吃方便面”的这个场景虽然看上去很简单，但同样是一个经验的总结，这个经验就是“肚子饿了要吃饭”。把建模这个过程说得更加复杂或者专业一点，就是基于很多以往的经验，进行总结，或者是对旧有数据使用规则的发现，将经验和数据相结合，最后输出一个可以被套用的业务规则。

不过，此时使用数据建模的人并不一定完全清楚数据是如何产生的，这是一个客观存在的难题。因为就大数据研究来讲，我们很多时候使用的都是他人的数据，既然是他人的数据，你又怎么能够保证自己会完全弄清楚它们呢？

现在，在运用大数据时流行一个例子，比如我在搜索引擎里发现某个地方搜索“感冒药”的频率非常高，于是，我就断定这个地方可能出现了流行性感冒。而这个数据源是从何而来的？我虽然知道很多人搜索了“感冒药”这一词语，但是却完全不知道在搜索引擎里搜索这个词语的人到底是谁。而提供数据的人既没有责任要告诉我数据是怎么来的，也不必告诉我数据的质量如何，更不必告诉我数据到底会不会有偏差。这样的结果推及到大数据领域就是，研究数据的人完全不清楚数据是怎么来的。

模型数据从何而来

> 创建模型的人不知道自己所采用的数据在未来是否稳定，使用模型的人不知道整个数据的来路或加工过程。

当使用模型的人不知道模型数据从何而来时，其使用角度就要发生改变，具体来说就是视场景而定。比如说，今天你要来杭州的淘宝城，有人告诉你“今天你应该从文一西路过来”。你问原因，他回答说：“因为模型是这样提供路线的。”他不会跟你解释，就说模型是这样的，因为下午 2 点钟到 4 点钟，从文一西路过来比较快。这个例子就是模型使用的一个场景，选择文一路则是模型的一个输出。那么，你要不要走其他的路？走文二路或者文三路？可是，这种选择的结果就是未知的了。

模型对于很多人来说是一个黑匣子，充满神秘性和未知性。所以，即便是模型创建者将模型公开，也会因为创建者和使用者专业能力和知识背景的不同，使两者之间出现信息不对称的情况，使用者自然也就不知道为什么会选用此种解决方法。也就是说，创建模型的人可能不知道此种模型效果好不好，而使用模型的人也不知道该怎么去反馈使用的结果。这样一来，这种信息不对称会越来越严重。

这一问题恰恰体现了大数据实践中非常严重的断层问题：**收集数据的人不知道将来的人怎么使用数据，创建模型的人不知道自己所采用的数据在未来是否稳定，使用模型的人不知道整个数据的来路或加工过程**。这些都是普遍存在且很现实的问题。

从公司管理层的角度来看，投资人了解数据的意义是什么？高层管理者对数据的期望和中层管理者之间又有什么不同？他们知道数据能帮助企业做什么吗？这些问题的答案完全会因立场不同而异。

中层管理者大都不知道数据能帮助他们做什么，他们没有管理者的视野，相比之下，你只需要告诉他们数据能解决什么问题即可。相反，数据分析师可能就会更加困惑不解：“我做了这么多东西，为什么你们不用？”

每个层级和功能部门都是一个断层，而且对数据价值的内在衡量都不一样。所以，当我们讲到数据价值时，没有人能对此给出一个合理的定位，原因就在于有几个关键问题没有区分清楚。一是要明确这是谁心里的数据价值，投资人、高层管理者、中层管理者、数据分析师各自心中对数据的价值自然不同；二是要明确数据的分类，不同类型的数据所产生的价值各不相同。为什么我们在大数据应用方面存在障碍？一个重要的原因在于，应用人员对于数据价值和数据分类没有明显的界定。对于这个话题的探讨，我们会在随后的章节中重点讲述。

更主动的管理，更多的创新

> 这是一个“从用数据到养数据”的过程，一个“从数据化运营到运营数据”的过程，也是一个“从看到真用”的过程。

在当下的大数据环境里，数据其实与商业模式密不可分，每个人都认识到它的经济价值是巨大的，但今日的大数据发展趋势之快，对于很多公司来说，变得更加虚无缥缈，难以把控，让每个人抓狂，让每个人手足无措。

而在这一方面，阿里巴巴已经对数据化运营做了不少有益的尝试。淘宝一直致力于一件事：用数据来帮助企业运营和解决问题。但在不断使用数据的同时，也发现了数据本身的问题——大数据需要更主动的管理，也需要更多的创新。

数据化运营就是用数据去解决问题，但是如果我们想把数据做得更好，解决更多新的问题，就需要去做一件以前未曾做过的新事情——运营数据。对于阿里巴巴来说，这件事情是从 2011 年才有计划地进行的，企业主动收集数据，并且以此去创造更优质的新数据，让新数据更好地服务于企业的运营。这是一个“从用数据到养数据”的过程，一个“从数据化运营到运营数据”的过程，也是一个“从看到真用”的过程。

从数据化运营到运营数据是一个闭环，今天的电商企业正走到了其中的一个节点上。在经历了起初大数据的喧嚣之后，大家终于感受到，要使大数据产生真正的商业价值，我们要关注的内容并非 4V[①] 那么简单，而应该将焦点放在如何真正让数据落地之上，即从数据化运营到商业管理能力的提升。

① 4V，是大数据的经典定义，包括海量的数据规模（Volume）、快速的数据流转和动态的数据体系（Velocity）、多样的数据类型（Variety）和巨大的数据价值（Value）。——编者注

问题就是答案

大数据改变了人类学习、工作和生活的方式，更改变了人类的思维方式，而今天我所谈及的数据化思维正是在大数据的特色中产生的。

西方式的思考着重于系统性分析，因此对一件事情的理解过程，大都是利用数据进行细分/归类、对比、溯源，以及从三者的动态趋势中去找出变化的规律。我们可以从以下几点着手：

- P——目的。我们的目的是如何让自己更“好运”。
- I——定义。我们要定义什么是“好运”，例如可以细分为：财运、健康或者人缘。
- M——量化。如何量化“好运”？参照前面的定义寻找可量化的目标：工资增长率、体检中某项指标的高低等。量化了之后，我们可以从趋势中预判出做什么可以更“好运”。
- A——评估。执行后，评估什么做对了、什么做错了。

可见，西方式思考中的溯源，就是从事物中找出因果关系，寻找能够有效获得成功的驱动力；而东方式思考中的溯源则是从本质找出根源，例如，“好运”的本质可能在经过分析后会体现为“快乐”，但量化出来的结果却是“笑”。

然而，不管是东方，还是西方，要溯源，一切答案都得从问题开始。因此，良好的提问技巧能使我们在寻找答案的道路上事半功倍，好问题（Deep Question）可以使我们离答案更近一步。一位知名 CEO 曾很得意地问了我老师一个问题：“你觉得到底是 eBay 的商业模式好，还是亚马逊的商业模式好？”其言外之意是，今天亚马逊比 eBay 做得好，是不是也就意味着它的商业模式比较好。我的老师并没有直接回答这位 CEO 的问题，而是反问了一个问题：“你的问题也许跟商业模式无关，产生这样的结果会不会只是因为亚马逊的 CEO 比 eBay 的 CEO 做得好呢？”无须多言，问题就是答案。所以，对一件事情的认知，要看你是否具备了用问题解决问题的能力。

2011 年的时候，阿里巴巴要从数据化运营开始转向运营数据。当时，我负责支付宝的运营数据工作，却很是苦恼，毫无头绪。我没有任何思路，于是我打电话求助我的老师，咨询他对于这个问题我应该如何思考。

接下来发生的事情让我非常难忘，我的老师并没有直接回答我，而是问了我 3 个问题。

> 现在你所在的公司，面对的 3 大问题是什么？公司未来 3 个月中，要解决的问题是什么？在过去的 1 个月中，你做对了什么，做错了什么？
>
> 我现在给你 5 分钟时间，如果你说不出来公司目前面临的 3 大问题，而你作为商业智能部的负责人，就基本上不该继续坐在这个位置上了。

当然，我明白这 3 个问题里面已经包含了答案。当你要做数据化运营或者运营数据的时候，你必须要问自己这些问题。如果你没有问自己这些问题就去想如何收集数据的话，那肯定会出问题，这是很关键的一点。所以，思维方法很重要，在有了数据、有了对商业的理解的前提下，思维方法是不可或缺的关键。思考的方法是无穷尽的，就像两个武林高手过招，假设一方面对的是功夫高手李小龙，作为局外人的我自然无法给出应该如何取胜的建议，而是需要他自己动态地去寻找答案。

寻找答案的过程中，有一个很重要的衔接点。很多时候，我们会受一些固有问题的影响，如果不懂得变通、不懂得如何提炼核心的话，就会产生思考的盲点。如果你的思考出现了盲点，就注定问不出一些非常关键的问题，就好比，对方明明是男性，还问他是不是男性，就丝毫没有价值。

有时，有些东西并非你认为的那样，所以，你才会连问问题都懒得思考，就问出像前面那位 CEO 的“eBay 和亚马逊谁的商业模式更好”那样奇怪的问题。

话说回来，在知道自己的思考有盲点的情况下，即便问题问得不好也并不丢人。但如果自视甚高，什么问题都不问，盲点注定会相伴一生。我曾经见识过一位顶级 CEO，其厉害之处就是，凡事都说：“我不懂，麻烦你再解释一下。”

最重要的是思考，尽管你懂，但如果在问问题、看问题的角度上没有拓宽视野的话，想解决问题依然很难。就好像咏春拳里的“问手”，它并不能用于过招，而是寻找答案的一种方式。你一碰，它就有答案。你不动，它不动，而且会避开，你只能寻找破绽再出击。“问题”是用数据来拿数据，而“问手”就是用一个问题引出另一个问题。

在大数据的商业环境里，要既懂数据，又懂商业，还要拥有一套好的思维方法，而数据化思考正是这样一个崭新的事物。

当我们想知道问题的答案时，就要首先学会如何问对问题，因为一个好问题会引发出很多答案，这是一门艺术。在我看来，人的思考方式在大数据时代尤为重要。在后面的“数据化思考”中我将谈到一些有关思考的例子，以供大家参考。

答案不重要，思考的角度才重要。要习得一套巧妙的数据化思考方式，三分靠想法，七分靠实践。所以，切勿空谈。

02

大数据的本质
就是还原用户的真实需求

BIG
DATA

The Business Revolution

当我们身边的很多人都在兴奋地讨论大数据时，你有没有心存不解——虽然我们每天都在收集数据，但我们为什么要关注它们？这些数据又如何能够为我们所用？

的确，当回归到“数据能够帮助你产生什么价值”这个问题时，如果你自己都没弄清楚，那么就算给你再多的数据，你也只会手足无措。我们身边的大数据现象越来越普遍，数据的广度和深度都呈现出几何级甚至指数级增长的趋势。在思考数据的价值时，我认为，可以从三个维度来考虑。

首先，你能否清楚地识别（Identify）用户的身份？其次，你能否搞清楚所收集的数据对你的价值（Value）是什么？最后，收集数据时的场景（Situation）是什么？

识别，让似是而非的行为数据串联起来

> 企业有多大的能力去识别一个“碎片化了的个人”，将是一个巨大的考验和机会。

很多人都同时拥有手机、个人电脑 、平板电脑等多个数码设备。比如，某个人拥有两部手机、一台 iPad、三张信用卡，这个人每天都登录你的网站。在这种情况下，你能否知道这是同一个用户？你有没有这种识别能力呢？通过信用卡，银行虽然可以识别静态个人的身份，但缺少当事人使用电脑、手机或平板电脑等更广泛的网上浏览设备时的身份识别能力。

这时，有谁能够识别这三个设备和三张信用卡背后的用户都是一个人？而目前的企业有多大的能力去识别一个“碎片化了的个人”，将是一个巨大的考验和机会。

在识别过程中，分辨用户其实并非难事。比如，企业可以查看用户电脑里的 cookies，以此获取用户的 E-mail 地址、网购时的收货地址，甚至私人手机号码、亲密联系人、信用卡与身份证信息，等等。以上这些信息都可以作为鉴别“碎片化了的个人”的依据。

需要注意的是，这些属性有些是唯一的，有些却不是，但它们依然有很大的参考价值。比如说，你经常会将手机借给别人使用吗？经常会将电脑借给别人使用吗？当然不会。那么信用卡呢？想必应该更不会外借了吧。

了解了身份识别的方式之后，我们就可以把散落于网站内外似

是而非的行为数据串联起来。不同的网站，收集到的数据是不同的，数据的价值也千差万别。如果某个网站连接了你的三台设备和三张信用卡，那么这个网站收集到的内外数据就很容易将你识别出来。**所以，是否知道用户是谁，决定了企业数据收集行为的意义大小。**

价值，企业价值 VS. 客户价值

> 从企业价值来看，数据收集实现的是企业资源的合理分配；
> 从客户价值来看，数据收集实现的是顾客体验的提升。

数据收集的价值包含两个维度。一方面，你是否能衡量这个数据对企业产生的价值——你不必将用户的所有行为都记录下来，而是记录那些对企业自身有帮助的数据，即企业价值；另一方面，你是否能衡量这个数据对顾客的价值——这个数据如何帮助企业为客户提供更好的服务，即客户价值。

从企业价值来看，数据收集实现的是企业资源的合理分配。例如，把推荐系统做得更好，让更多的用户可以有更高的概率找到他们想要的商品。这样，就能提高商品的购买率，为企业创造更大的经济效益。

从客户价值来看，数据收集实现的是顾客体验的提升。例如，便捷的搜索引擎可以使顾客更容易地找到他们所需要的商品，为他们创造更加优质的购物体验。

数据提供的价值，从不同维度看会有不同的结果。比如说，每天下午两点钟左右，银行门口会有很多客户排起长龙。如果以客户价值为核心，那么思考的角度就应该是，每个在下午两点钟去银行办业务的用户，平均到底需要多少分钟才会得到相应的服务。但是，银行的做法是对大量数据进行研究，目的是想得出在下午两点钟时如何减少排队的人数。这就是以企业价值为核心的考量。

以企业价值为核心去审视就是，如何帮助企业在下午两点钟时分流排队的人数；以客户价值为核心去审视则是，如何让客户减少等候的时间，并得到所需的服务。同样一件事情，这两者的提炼是不一样的：一是思考能否缩短在这家银行排队的时间，让客户提前两分钟享受服务；二是思考能否使用手机来解决排队问题，通过手机银行减少实体银行里的排队人数。

我的观点是，数据价值的确要分是从谁的角度出发的。所以，当我们谈大数据价值的时候，第一点要注意的就是：**角色不一样，对于数据价值的看法也就不同，所以在衡量价值时要考虑到受众和给予者这两个对立面的不同看法**。在上面银行的例子中，银行更多地是看到，在两点钟有 20 多位客户在排队，而受众哪里会对排队人数敏感啊，他们只会觉得若 10 分钟内没有得到服务，就是等了很久了。

从电子商务的角度来看，推荐系统的做法跟银行类似。现在，所有电子商务公司在考核推荐系统时，都是以点击率作为 KPI① 的。

从企业考核推荐系统的角度来说，点击率是主要指标。它们想的是如何让用户更多地点击自己的产品，而对于消费者来说，并非如

① KPI（Key Performance Indicators），关键绩效指标，又称主要绩效指标、重要绩效指标等，是衡量管理工作成效最重要的一个指标。——编者注

此。用户想的是："今天我有一个很想买的东西，我能不能买到呢？"

所以，在使用数据改善用户的购物体验时，企业应该是仅仅改善推荐系统，还是要了解用户整个购买决策的链条结构？可能的答案是，企业需要知道用户在登录网站之前的情况，而不是登录之后的情况，这就需要企业全面客观地去看自己的网站是不是有能力还原用户的需求了。

场景，你知道当时所有的场景吗

> 场景与还原并行——前端还原消费者场景，后端还原业务需求。

在准确识别和衡量了数据价值之后，我们再来看一下数据收集时的场景。现在，大数据的价值吸引了很多企业和组织的兴趣，因此它们非常重视自身的数据收集与存储。但是，在现实操作过程中，问题仍然层出不穷。大量的碎片化数据是噪音，让事实串联本身变得非常困难。而值得思考的另一方面是：**当我们把这些枯燥的数据串联起来时，就一定能代表事实吗？**

BIG DATA

数据分析实例

早上，你在上班的路上看见有个男生穿了一件非常好看的T恤，你心动了。于是，你来到公司，坐在座位上的第一件事情就是在购物网站上搜索T恤。结果呢？出现了10万个相关商品。

当你正在犹豫怎么挑选时，老板突然在办公室里宣布要开集体会议。你坐在会议室里，发现开会好无聊，于是打开了手机应用，继续想怎么买到那款T恤，然后你筛选了一些比较中意的品牌，但是依然没有找到那款你在路上碰到的、让你中意的T恤。

最后，手机上弹出了一个手机促销活动的广告，你发现一款你非常喜欢的品牌的手机价格很便宜，虽然你已经有手机了，但是你依然毫不犹豫地买下了它。

那么，在向你推荐产品时，一家公司到底有多大的能力，才能还原你所处的场景呢？

搜索引擎暴露出你目前住在上海的事实——你是最近搬过来的，网上的收货地址换到了上海。所以，它更多地推荐了上海的卖家给你。而你在到公司上班之前，才看到了那件T恤，觉得很好看，所以决定搜索T恤。但是，在你没有登录电商网站之前，T恤这个因素只有你知道，电商不知道。

因此，当你在搜索引擎里描述一件T恤的时候，你跟这家电商的第一个接触点就出现了，所以电商还原的场景是“早上九点半，你搜索了T恤，搜出了10万个结果，但你一个都没有点击进入”。电商完全不知道，这时候你不点击的原因仅仅是老板在叫你开会。

而会议开始后不久，你打开手机应用再次搜索T恤，这是和此电商的第二次接触。那么，后来在无数的品牌里面，你为什么忘记了早上喜欢的那款T恤，最终选择了一部比较便宜的手机？有谁知道你为什么这么选择？最后，你买了一部手机，选择了上海的卖家，事实上你只是过去在上海出差了几个月，而现在却在杭州。

试问，一家公司能有多大的能耐猜到这些复杂的场景，以及这些每一天每时每刻每一个进入网站的用户背后发生的特别故事？

所以，每一个数据分析师都闭着眼睛说：“我不管用户之前看过什么T恤，反正他搜索了之后什么都没点击，可能是推荐的算法不给力。”而在手机端中，又有一名数据分析师说：“这是这个用户第一次登录无线终端啊，也是第一次点击了T恤搜索选项。”

正如你看到的，在本应有那么多连接性的数据里面，在购买T恤的案例中却没有了任何连接性，那么，企业怎么还原你的购物场景呢？每个人都在猜想可能的原因。而且，值得一提的是，这个案例仅仅涉及了用户在一个网站上作出的购买行为，且没有做过全网比价，而在真实的购物场景中哪里会这么简单？即使是这么简单的一个场景，企业又该如何实现还原呢？

每天都有大量的碎片化数据产生，每天我们都在假定。那么，用这种状态分析数据，能有多可靠？

所以，企业在收集数据的时候一定要明确：企业是否有能力辨别用户？是否有能力收集用户在企业网站中发生的所有行为？是否有能力把手机移动端和PC端区分开来？企业又拥有多大的能力看到具体的场景是怎样的，比如，今天南方有没有下雨，东北有没有下雪？归根结底，我想说的是，作为企业，你到底有多大的能力去还原用户的真实需求？

还原是一个瞄准器

> 数据的本质就是还原，这是收集元数据的关键方法。

当我们在进行场景还原时，必须认清数据收集的领域是什么。在不同的领域里收集到的数据，可以找到与其所在领域里不同的东西，比如，搜索引擎和社交网络（SNS）得到的数据就是不一样的。而企业首先要做的是，确认用户是不是同一个人，比如在 SNS 里涉及的很多信息主要都是聊天内容，如果我是做 SNS 的，我就会更多地去寻找这个人和其他人的关系。他今天跟张三聊了 3 分钟，明天跟李四聊了 5 分钟，这项数据在 SNS 领域里可以获得。但当我们要真实地还原整个人的行为的话，最好要有不同领域作为互补，这会让你掌握更多更全面的信息。

有多大的能力弄清哪些数据是同一个用户的，这是企业首先必须解决的问题。然后再去关注，收集到的数据的量这么大、广度这么宽，价值在哪里。而当企业不清楚收集到的数据是不是同一个用户的时，那这个数据又有什么用？所以，在大数据里，最重要的还是收集人的数据。

而数据的价值，正如我们前面所分析的，必须来自场景。

对于消费者数据的收集，其中一个瞄准器就是你能否还原用户购买行为的场景。基于科技的不断进步，如果有一天 Google Glass 成为每个人的标配，或者是有一天，我们买的每一台电脑，其本身都是跟手机捆绑的，那么这两种交叉数据是很容易获取的。

为什么场景会变得如此重要？场景是不是被准确地表达了？场景是否会成为一件事情的背景，用来还原整件事情？有一年的“十一黄金周”，我们发现很多用户使用 iPad 购物，为什么？你或许不会想到，这是因为那年的“十一黄金周”第一次实行黄金周高速公路不收过路费的政策，很多人堵在了路上，没有其他事情做，所以只能使用 iPad 购物。如果企业在分析数据的时候，没有考虑到“十一”假期期间整个中国的高速公路都出现拥堵的这个场景，企业就没有办法还原整个场景，也就无法解释这个现象。

我还发现了一个新场景。有一天，我们研究了一些移动数据——用二维码让用户登录我们预想让他登录的页面。我们可以看到，iPhone 手机在扫完二维码后就到达了页面，但是安卓却没有。在中国，很多装有安卓系统的手机在扫完二维码之后都无法自动跳转到关联页面。这时，安卓手机就成为用户登录网站购物的重要场景。不管是一部 iPhone 手机、一部三星手机，还是一部其他品牌的手机，手机的大小和系统的兼容性本身都能对场景产生巨大的影响。而如果我们盲目地去观察数据本身，自以为是地认为用户没有进行点击，那就大错特错了。事实上，是他点不了。

可见，有很多看似无关紧要的东西都在场景里，而在无线移动终端的世界里，这个场景又平添了很多其他的东西，这都需要我们仔细地甄别。

当我和数据分析师们聊天时，我总是会特别提醒，在研究移动数据的时候，要特别注意用户在每天移动的时间点和非移动的时间点里都做了什么。从起床到睡觉，有几个时间点基本是固定的，所以基本上就可以判断每个人一天的行为走势是什么。

我曾经在一次电商大会的圆桌论坛上提出了一个观点，当时与会者都很认同，就是我建议把一些以前用来观察用户忠诚度的框架，比如 RFM 模型[①] 来做收集数据的瞄准器。有什么数据能让我更好地看到 R，更好地看到 F，更好地看到 M？ RFM 是一个收集维度，个人 PC、手机、平板电脑是另一个终端场景维度，PC 能更好地收集 R，手机能更好地收集 M，这样就可以通过场景的不断变换来收集更多的数据。

现在，有一些终端的确可以收集以前收集不到的数据。以前，我们不知道一些数据的收集背景是不是移动的，但现在可以。用户做一件事情的时候是不是正在移动？他是不是在某个百货商场里面？面对不同的场景，我们的框架也要相应改变。所以，现在做数据分析报告，最后的一个问题变成了："无线变了，这个报告的结果还是一样吗？你的报告应不应该也变一下？"

我认为，数据的本质就是还原，这是收集元数据的关键方法。如果没有这个概念，你就不知道未来你需要什么数据，就更不懂得什么是重要的数据，到最后只会产生越来越多的无从辨别的数据。一旦数据多到了连你的公司都没有办法处理的时候，那么其他会处理的人、公司和国家就会把你毫不留情地挤出市场。

① RFM 模型（Recency、Frequency、Monetary），该模型通过一个客户的近期购买行为、购买的总体频率以及花了多少钱这三项指标来描述该客户的价值状况。

“未来一定是国家和国家之间的数据大战，公司与公司之间的数据大战！”信息时代催生了海量数据的出现，这个世界上每时每刻都在产生大量的数据。**大数据已经不再是一个单纯的概念，而是像空气一样围绕在每个人的身边，每个人都是数据的制造者。**也正是因为每个人都在通过不同的设备生产着数据，使得数据更多在“量”这个维度上不断膨胀，但是，“量”的单纯膨胀却对企业真正了解一个用户的需求产生了极大的挑战。**所以，如何更好地识别各个设备的使用者是否为同一个人，如何更好地理解用户在各个不同场景下表现出来的不同需求，如何更好地理解数据融合后产生的价值，将是未来商业中每一个企业都必须考虑的问题。**

在不久的将来，随着O2O的深入和可穿戴设备的兴起，企业和企业之间必须进行更多的数据融合和交换，必须进行更多的跨行业的数据交流，这样才能更好地还原用户真正的需求，让用户在任何一个场景中都能够获得由数据带来的便利。

总而言之，更深化的数据连接使海量数据经过提炼更真实地还原了事实，也使我们运用数据科技去解码未来的需求成为可能。

CEO们关心哪3个数据

我在面试数据分析师的时候，必然会问他们一个问题："假如我是一家知名电商的CEO，而今天是星期一早上9点钟，请你给我提供3个数据指标向我证明在过去的一周里，企业运营得一切正常，可以让我踏实下来。你认为，会是哪3个指标呢？"

绝大多数应聘者对这个问题的回答比较一致：第一个是流量；第二个是交易量；第三个是其他，这个其他包括转化率、交易额等。

当他们这样回答完后，我会反问他们："刚刚我问的问题，你真的听清楚了吗？"这时候，有人会回答说，我听清楚了，而答案就是这3个数据。

往往这个时候，我会提醒应聘者说："请注意，我要的数据是给CEO看的，而且还是顶级电商的CEO，时间轴是周敏感数据。"面试进行到这一环节，我就发现大部分面试者根本听不懂"CEO"的含义。事实上，既然是CEO，就意味着他是公司里的最高领导层，那么给他看的东西明显要与其他人不同。

在这个例子中，我们会发现绝大多数应聘者很少会换位思考。也就是说，他们都是从自己的角度来思考，而不是以一个数据分析师、一个要给CEO汇报3个数据指标的分析师的身份来思考问题。

那么，什么是以数据分析师的身份来思考问题呢？

通常来说，在我问出问题时，作为数据分析师的你首先要想的是 CEO 会关注什么数据，是长期的，还是短期的？是风险最大的，还是风险一般的？或者是最近发生了什么事情？以及给 CEO 提供的数据要有什么注意事项，等等。

所以，我要再问问应聘者："当你坐在面试桌对面给我答案的时候，有没有想过在星期一的早上，这家知名电商的 CEO 真正想看的是什么？"

再想想这个问题，你到底有没有真正听清楚"CEO""知名电商""周敏感数据"这些关键词？CEO 要的是"踏实"——他听完了就可以安心地吃早饭了。

在面试时，如果面试者不对这几个问题进行询问就贸然回答的话，满分是 10 分，我只会给 5 分。因为这个问题里面本身就有很多问题，比如，什么是踏实？踏实是一个概念，你不问清楚"踏实"的含义，就给我 3 个指标，无论如何都是错的。

在正常情况下，首先不要急于回答我提出的问题，而是先问清楚什么是踏实，切勿自己先做假定。以下，我们可以假定一个相对理想的面试场景。

你反问："什么是踏实的状况？"

我回答道："最近这家电商和另一家电商在打价格战，而它最近又新推出了图书类目，那么 CEO 自然最关注的是这些图书的业务做得好不好。"

你再问："什么是'好'？是否基于每天来买书的新增用户和原有用户购书的数量多少？而且，CEO 是希望更多地用书来吸引新用户，还是想通过图书业务的推广让现有的用户进行交叉购买行为？"

在这些思考结束之前，你绝对不能给出指标。因为，在没有解决一个问题的内涵之前，任意给出的一个指标，必错无疑。所以，我才会问应聘者到底听清楚问题没有。

在我做面试官的经历中，很多看似有经验的数据分析师，往往在我提出的问题还没有解释清楚时就抢着作答。绝大多数人在思考不到一秒钟的时间里就给出了答案，而这一秒钟的答案，我可以确定他们根本没有听清楚我的问题。

通常这个时候，我会再给他们一次机会，问他们："刚才你给我的这个答案，如果我给你满分 10 分，你会给自己打几分？"而此时，大部分人只会打 6~7 分。

当应聘者给自己打 7 分时，我会反问："另外 3 分丢的原因是什么？"他开始反思，说自己刚才给的可能并不是 CEO 想要的指标，因为他对这家电商的近况不是很了解……

接下来，当我再反问："刚才我的问题是'假如我是一家知名电商的 CEO，今天是星期一早上 9 点钟，你给我 3 个数据指标向我证明在过去的一周里，企业运营得一切正常'，你听清楚了吗？如果你确认自己清楚了，能请你再给我一次答案吗？"

这时候，聪明的人不会再用一秒钟就给我答案了，而是重新思考，开始问问题，再给出答案。这时候的答案，当然会比第一个答案要好得多。

最后，当我再问他："现在，10 分满分的话，你给自己打多少分？"此时，他们自己给出的分值通常都会高一些。至此，我的面试也就结束了。

事实上，关于这个问题，我根本就不关注打分的结果。当然，如果评价是 10 分，那就不用面试了，因为在没有仔细考虑过答案的时候就自信满满地回答，这种人必然无法承担做数据分析师的责任。虽然，自信是对的，但是思考更重要。

作为一名数据分析师如果你不把自己的分析与当下结合，是没法进步的。

有趣的是，当我把这个问题贴在网上时，还是会有很多人追问我答案是什么、CEO 关心的到底是哪 3 个数据。这时候，我真的很想说，答案不是结果，方法才是。

03

“活”的数据才是大数据

BIG DATA

The Business Revolution

无论是企业还是个人、无论我们承认与否，在大数据时代，我们周围到处都充斥着碎片化的数据。为此，我们很容易迷失在海量的数据之中。我们盲目地进行大数据投资，收集越来越多的数据。但是，令人沮丧的是，这些数据却是“死”数据。那么，什么是“死”数据呢？**在我看来，“死”数据就是单纯存储在数据库中，无法被分析和使用，并且不能够产生价值的数据。**

如何激活这些“死”数据，让整个大数据“活”起来，并成为企业运营的牵引力呢？答案就是：把数据用起来！

大数据的真正价值是将数据用于形成主动收集数据的良性循环中，以带动更多的数据进入这个自循环中，并应用于各个行业。举个最简单的例子来说，现在的很多网站都有推荐功能，很多推荐出来的东西，如音乐、视频、商品，都可以让用户来选择“喜欢”或者“不喜欢”（当然，不点击未必代表不喜欢）。这样，企业就可以通过用户的选择基于计算机后台算法为用户重新推荐，这就变成了一个循环：从基于已有的数据进行“分析 - 推荐 - 反馈 - 再推荐”的过程。当然，自循环还远不止这一种形式。**多样化的自循环方式打开了大数据之门，而进入这个循环的关键就是，从解决问题出发。**

目前，企业对于数据应用仍然持有半信半疑的态度。多年来，企业因无法建立数据收集的循环，致使其运营数据更多地建立在直觉的判断和分析基础之上。当面对周围海量的消费者数据时，充满了危机的大数据更难为企业的运作提供清晰的思路。**无从下手，成为企业面临大数据时代的核心短板。**这时，如果没有找出相关的关键解决方法，企业就会在由海量数据构成的新兴市场中错失发展的良机。

在数据的自循环中，有两个核心的关键点：一个是“活”做数据收集，另一个是“活”看数据指标。所谓“活”做数据收集，就是指企业不要局限于只收集自己用户产生的数据，还要把“别人”的数据收集过来进行综合分析；“活”看数据指标，就是指企业不要局限于已有的数据框架，而应该结合用户需求的不同场景来灵活应用收集到的“活”数据。

“活”做数据收集，抓住相关性

> “活”做数据收集，就是要跳出既定思维的框架，从相关联的行业和业务中去收集能够为现在所用的数据，找到能够更好地佐证企业现有业务决策和发展的数据。

关于数据收集，中国研究大数据的著名学者、电子科技大学的周涛教授曾分享了一个非常重要的观点。他说，做大数据收集不外乎两方面，一方面是“自己用”，即用其他外面的数据来增加自己手上数据的精准度，为我所用；另一方面是“给别人用”，即把我的数据贡献给外面很需要我的数据的人，从而提高他的数据的精准度。

BIG DATA

数据分析实例

亚马逊的数据收集有一个很经典的例子，恰恰体现了这一点。在很多年前，亚马逊就主动去收集用户的 IP 地址，然后从 IP 地址破译出用户所处位置的附近多少公里内是否有书店。工作人员从收集到的数据中了解到，一个人是否选择在网上买书，很重要的原因是他的附近有没有书店。

亚马逊是主动收集数据，即通过收集一个外部数据，来帮助自身判断线下是否存在潜在的竞争对手。

企业在做数据收集的时候，并不总是能够直接收集到所需要的关键数据，这时候就需要变通一下了。我曾经在一个外贸 B2B 平台工作过，当时很多人不知道我是如何找出新品种的趋势的，我也没有对任何人说过我的招数，有的人甚至以为在我背后有高手相助。而事实上，我之所以发现了新品种，是通过追踪美国垂直行业电商的广告关键词变化来实现的。

中国的生产商跟美国消费者的距离如此远，我们如何才能收集到美国消费者的数据？一般来说，是不可能的。有一批厂家是从中国海关购买数据，但是海关的数据是滞后的，无法让企业及时获取行业的发展趋势。不过，这种趋势就在美国采购关键词的那些经理手上，而这个数据是可以从国外网站搜索到的，于是答案就这样到了我的手上。

在美国，这些搜索引擎营销（SEM）专家会为公司设计购买关键词的方案，而我就主要关注这些人的数据，看他们换了什么关键词，以了解美国的商品发展趋势。这样，我就可以很快地告诉类目经理，美国现在流行什么样的东西，而这就是利用外部数据来帮助自己做决策的方法。

以鞋类为例，我的做法具体来说，先是观察在美国做得最好的几家鞋类网站买入了什么关键词、变换了什么关键词、有什么关键词是常态的以及有什么关键词是在季节更迭的时候才买入的。在观察到这些关键词之后，我放到谷歌中去观察关键词的增长趋势，去eBay看看这一款鞋子有没有交易及价格的变化。在知道eBay有交易之后，我再放到国内电商平台中搜索这个产品。如果没有出现相应的搜索结果，就意味着这可能是一个良机。

因此，做大数据收集，有时候需要更多的灵活变通。从上面可以看出，亚马逊的案例的确经典，因为它找到了消费者购买决策链条中的一个关键点；而B2B寻找关键词的重点在于如何观察第三者数据。**每个人都知道在收集消费者数据时最好是观察直接用户，但如果没有这个数据，你观察什么数据？答案就是，去观察行业内对这个数据最敏感的那些人。**

生活中其实也有这样的例子，我曾经给我的朋友分享了一个很简单且有趣的例子。如果你想知道香港的某家酒楼生意好不好，你问问门口卖报纸的人就知道了——香港人喜欢去喝茶的时候买一份报纸。

其实，这个规律不是我观察到的，而是香港税务局发现的。香港税务局如果担心酒楼虚报营业额的话，就可以通过直接去查卖报纸的商家卖了多少份报纸来判断，这是一个非常有趣却很实际的灵活收集用户数据的案例。

“活”做数据收集，就是要跳出既定思维的框架，从相关联的行业和业务中去收集能够为现在所用的数据，找到能够更好地佐证企业现有业务决策和发展的数据。而“活”做数据收集的一大好处，就是能够规避现有数据框架的弊端，更好地反映用户的实际需求和企业的实际情况。媒体常用的“克强指数”是“活”做数据收集非常好的案例，通过耗电量、铁路运货量和银行贷款发放量三大数据的结合来观察经济的发展，有助于剔除 GDP 统计数据中存在的水分。

“活”看数据指标，动态地使用数据

> 把数据激活，从静态数据变成动态数据，必须要用场景来验证。

我们不仅要灵活地收集数据，而且还要注意到，数据收集只是第一步，如果不让数据“活”起来，仅仅是把我们收集的数据简单堆砌在一起，是没有意义的。

用场景验证

在注册某个网站时，消费者常常需要填写自己的性别。我填写的答案是男性，但是如果你分析我的购买行为时会发现，很多时候我的购买行为告诉网站，这些商品的目标用户并不是我自己，因为我也会为我的妻子和父母买东西。

当收集到的这些数据不能为企业所用时，企业就永远不知道关于我的这个数据原来是不准确的。**这些数据好像是准确地描述了我的性别，但是却不能很准确地描述我的搜索和购物行为。**

在梳理阿里巴巴的数据时，我们惊讶于为什么阿里巴巴会有 18 个性别标签。乍一听，很不可思议。你肯定会想，阿里巴巴是不是在闭门造车，是不是自己凭空造出了这么多的性别？

事实上，每一个性别表现都并非看上去那么简单，因为它的分类是基于用户在不同场景中不同表现而作出的。这就揭示了一个问题，我们每个人都不会只呈现出简单的一面，比如在安静时和在人前时，我们就会表现出不一样的自我。不同的性别标签其实就是应用了这一点：**同样的人在搜索商品时可能会表现出不一样的行为特点，而这些不一样的行为就是我所说的场景，结合场景应用数据就是"活"用数据。**其实，有多少个性别标签并不重要，重要的是如何让用户在不同的场景中获得更好的服务。

亚马逊一直在自己的商业活动中应用这个理论。多年以来，亚马逊就使用动态模型——相对于"历史的你"，它的推荐更相信"现在的你"。所以，它相信今天登录网站的你有什么需要与兴趣，比起历史的"你"来说更重要。

我们不妨开拓一下思路，假如你在一家网站买了一份保险，又买了一件衣服。**这两件事情，哪一个能更多地证明你是"本我"，而**

哪一个能更多地证明你是“被别人影响的我”？

推荐系统的运作原理是通过推荐一件商品去影响你的购买决策。一般来说，你要为自己做一个很长远的购买决定时，会综合考虑一些因素，这时的购买决策会跟你本身的性格产生紧密联系。比如，你的性格是不爱晒自己的东西，不爱很刺激的活动，那么你就不会买一辆跑车，这是你深思熟虑之后作出的决定。

总的来看，对于用户购买行为的场景，我们大都无法判定它的产生到底是因为长期积累的性格多一点，还是受今天心情的影响多一点。而且，前提是假定，别人没有用你的账号购物。如果今天是你的女朋友借了你的账号去购物，这个系统可能就无法作出正确的推荐了。

把数据激活，从静态数据变成动态数据，必须要用场景来验证，静态数据是没有用的。理所当然，企业很容易一开始就假定“你告诉我身份证上你是男的，肯定就是最准确的”。从表面上来说，企业凭借用户自己填写的数据来做决策会更精准，但结果却相反。**在做了很多测试后我们发现，动态的观察数据更能准确地反映出用户的信息和需求。**

但是，如果用户在做一个比较重要的购买决定时，真实性别、真实职业以及一些描述个人的静态数据对于企业来说就更具有参考性了。对消费者来说，购物就是决策，凡是决策，都是要对比、细分、溯源、看趋势。所谓的冲动消费是“什么都不管了”，直接拍下，那就要分析购物当天的场景了，或许那天是“双 11”？

别再死盯着 ROI

从公司价值的角度来看，我在 B2B 外贸公司得到了一个重要的经验——如果企业不把数据活用起来，只是死盯一个数据的话，企业的运营必定不会理想。

当时，我所在的公司买入广告关键词时，一直用的重要考核数据是投资回报率（ROI），即每个广告关键词能给公司贡献多少交易量。如果我们灵活使用数据，会怎么样？

我当年就对公司的管理者提出了一个建议：把一些使用得很好的广告关键词（排行榜前 30%）拿出来，调查根据这些关键词登录网站购物的消费者在三个月后是否还会来买东西的问题。

事实证明，这些用得很好的广告关键词，有一半只吸引了用户的一次购买行为。因为，这些公司买的关键词都是“最便宜的 ××”，这些关键词对某些消费者来说有着很大的吸引力，但是并不总会产生巨大的效用。

也因为这样，企业吸引来的用户都是一般消费者，却不是真正做批发的人。企业管理者完全不知道当时掌控 ROI 的部门其实是在做赔本生意。

所以，机械式地使用数据的结果就是，企业会因为“只看狭义 ROI”死得很惨。ROI 只能体现广告关键词在当天使用的效果，并不能反映出这个关键词以及其吸引来的用户对网站的长期价值。当时，公司把所谓的自己最“好”的广告关键词删掉之后，管理者发现 3 个月内企业的业绩没有受到任何影响。

“活”用数据，就是你是否能看出这个数据本身的局限是什么。**一方面，是我们的数据为用户体验改善了什么；另一方面，企业在使用数据时，对活数据的运用解决了什么问题或者开创了什么机会。**要牢牢记住，活用数据很重要。

“活”的数据是“活”用数据的精髓所在。《孙子兵法》曰：“兵无常势，水无常形，能因敌变化而取胜者，谓之神。”这句话在数据应用方面同样适用。如果企业能够基于场景和相关的“活”数据将数据应用发挥出最大的价值，那么新的商业模式的开创也就会在不远的将来成为可能。

别再做“碰巧游戏”

在开始之前，我先讲一个有趣的故事。有一天，全球最大的职业招聘网站忽然发现从雷曼兄弟公司登录的来访者多了起来，但是并没有深究原因。第二天，雷曼兄弟宣布倒闭。原来，前一天雷曼兄弟的员工都到职业招聘网站找工作了。

谷歌宣布退出中国的前一个月，我在 LinkedIn 上发现了一些平时很少露面的谷歌产品经理在线，这也是相同的道理。

试想，如果 LinkedIn 能够针对某家上市公司选择性地分析数据，会不会挖出其中潜在的商业价值呢？我相信，很多网站现在还停留在“注册用户数”这种简单的数据收集上，而不知道还要收集上述有价值的数据信息来使企业获得发展。

好的分析师相当于市场解码器

我常常会说，今日的数据分析师，需要有点军师的味道——从枯燥的数据中看到解开市场发展密码的本事。简单来说，就是具有商业意识的数据分析师，如果监测到网站上拥有 6 岁之下孩子的用户群在增加，那么他基本可以预测出奶粉的销量也可能呈现上升趋势。

从更深一层来看，和传统卖场一样，网站中商品丰富性的作用大不相同。有的产品为了赚钱，有的产品为了促销，有的则用来吸引流量，这也就解释了不同商品在网站上摆放的位置不同的现象。**同理，只有具备了商业敏感度的数据分析师，才会懂得用什么数据来驱动公司实现经营目标，而绝不会单凭交易量就决定商品策略。**

评估一个新生电商平台的竞争力，你会观察什么数据

交易量？不对，因为平台是双边市场，不同于单边的 B2C 卖场，除了买家流量之外，对于一个需要活力的商业平台来说，每天有多少新的优质卖家加入进来也至关重要。比如，他们卖了多少东西和卖了什么东西，这对新生的电商的竞争力来说都起到了不可或缺的作用。因为，此阶段商业竞争最核心的影响因素是人气，而非实质交易量。如果新加入的卖家卖不出东西，只是老卖家的交易量在增长，即使最后的交易量每天都呈增长趋势，也无法极大地提升其竞争力。

换个场景看，一家刚踏入市场的 B2C 和已经占领大部分市场的 B2C，它们的关注点会一样吗？当然不可能，因为前者看的是流量，赚的是人气；但流量对于后者的意义就没有那么大了，因为它们更关注交易率、转化率和回头率。

组装你的数据仪表盘

我把数据信息的梳理过程，理解为数据世界里的“仪表盘”。比如，在开车时，如果水温过高，仪表盘就会亮灯提示；同样，网站的关键信息也可以监控，在电子商务交易中，行为数据和商业模式之间的逻辑关系组成了“仪表盘”——好的仪表盘，对于商业活动中的好现象和不好的现象都会有敏锐的反应。

为了方便理解，我想出了两个名词：前端行为数据和后端商业数据。前者指的是访问量、浏览量、点击率及站内搜索等，是反映用户行为的数据；而后者更侧重于商业数据，比如交易量、投资回报率、客户终生价值（LTV，Lifetime Value)。

分析数据“走火入魔”的人会明白，数据就像散布在夜幕里的繁星，它们彼此之间布满了关系网，只要轻轻按动其中一个亮点，就会驱动另外一个亮点产生变化，而这个动态的网，就是“仪表盘”。

将行为数据与商业数据对接起来时，我们可能都会比较关心网站的用户群，以下就是一个相关的例子。

某天，某网站发现自己的前端注册量增加了不少，访问量也提高了，但交易量却未见大幅度的提升。原因是什么？估计数据分析师们每天都在思考这个问题，那么，在这里我们就将这个问题进行分解，以寻找相应的答案。

处在网站前端的人只知道点击量等数据，比如，谁一直在重复购买？谁影响了5%～15%核心用户群的购买行为？谁在给网站做正面或负面传播？但却很少有人会关注后端的商业数据。

如果网站后端交易环节的操作人员只知道卖东西，却不知道提出这几个问题：一个客户登录网站平均停留时间是15分钟还是30分钟，会对将来重复购买的影响大吗？一个客户登录了网站社区和没登录社区，对产生交易量有影响吗？此时，却很少有人会关注前端数据。

你发现这中间的问题了吗？行为数据与商业数据没有对接起来！

于是，前后端数据出现割裂，没有人知道它们的内在关系；作为网站的决策者，不知道网站核心用户群的行为特征，也不知道怎么去刺激核心用户的增加，更不知道从一个用户登录网站之后到离开哪些环节需要疏通的话，不死就真的是万幸了。

当然，这个例子也只是管中窥豹。一个平台运营商，反映用户行为的前端数据与后端的商业数据千千万万，卖家和买家也是万万千千，但是在了解前端哪一个数据对整个网站后端的交易量有最大影响后，就只须针对这个前端数据猛出力，必然会刺激后端数据的增加；反过来，后端哪一个交易数据比较高，弄清楚是从哪一个渠道收集的、主要贡献用户是谁，网站的产品设计就要向他们倾斜，如此才会使渠道前端“转化率”等关键数据得到提升。

如果一个网站的核心用户群每月以10%的速度在增长，不火也是怪事。

遗憾的是，今天许多电子商务公司，每天都在做“碰巧”游戏：今天推荐A家的产品，明天撤下A家的产品；今天做低价促销，明天又做线下活动。这些决策的改变，没有“仪表盘”的指示或良好的监控，都是闭着眼睛在“碰巧”。

世上哪有这么多“碰巧”，还是快睁开眼睛，认真看路吧！

BIG DATA

04

全域大数据，大数据的颠覆者

The Business Revolution

大概三五年前，我们还在为移动化兴奋不已；而今天，我们已经开始面对全域大数据、面对来自四面八方的传感器。大数据已经完全不是“移动化”这么简单了。

数据，决策的瞄准镜

> 随着无处不在的终端及应用所收集的数据越来越多，将来有一天，无论你去哪儿，都会留下“脚印”。全域大数据带来的变革不限于数据本身，而是从全新的角度去思考社会和商业模式将如何被改变。

在移动化的初始阶段，我们觉得手机是一个结合了媒体、沟通、互联应用的超级终端传感器。渐渐地我们发现，离开手机一会儿就觉得不自在，而从数据收集的角度来说也出现了一个新挑战：PC 端和手机移动端这两个终端上出现的是否为同一个人？这个现象引发的问题在未来会变得更明显。在未来，除了用手机，智能电视、智能家居、物联网汽车……我们将和所有的东西实现联结和互动，已经不存在一个能完全满足我们需求的终端。**随着无处不在的终端及应用所收集的数据越来越多，将来有一天，无论你去哪儿，都会留下“脚印”。**我们接收到的数据会越来越全——这是令人兴奋的消息，但从伦理道德的角度来看，却可能是很危险的。

我们应该清楚地认识到，商业的基础正是因为众多终端（包括物联网）所带来的全域大数据而发生改变。**全域大数据带来的变革不限于数据本身，还有从全新的角度去思考社会和商业模式将如何被改变。**在全域大数据的大潮之下，每家公司都要学会重新思考。当互联网的场景从单一的桌面转移到多源多终端，形成每时每刻的全域数据时，不仅带来了丰富的空间维度，还增加了更多从前匪夷所思的新场景所产生的数据。这么多零散数据和维度叠加在一起，那么接下来的难题就是：如何保证数据能有效地被存储、刷新、识辨和链接，然后灵活地被使用？

有这么多的数据能做什么？从古至今，每当人们遇到麻烦和困难时，都会从自己或别人的经验中寻找解决办法，然后决策执行。不论成功或失败，所得到的经验和积累会成为衡量下一个同类决策的基础。这种决策过程循环往复，使我们的预测能力越来越接近真实，而数据就像是我们这个循环之中的瞄准镜一样。

开启“上帝视角”，做到知觉合一

> 知是 Sensing，觉是 Knowing，知是觉的基础，新知新觉！

以前，当一些结果不在我们的预期判断之中时，我们就会明白，原因是我们知道的信息不全。但这种现象在未来会越来越少，因为全域大数据会让我们更“见多识广”。

BIG DATA

数据分析实例

你每天开车回公司的途中到了某个路口习惯性左拐是最快捷的选择。但偶然有一天你发现，很多同事都在同一路口右拐。好奇心让你询问了多位同事，最后才发现原来有一条路比你原来的左拐选择更加便捷。在这个例子中，你有没有注意到，个体智慧与集体智慧的融合体现得淋漓尽致，同时也暴露出过去我们获取信息的意愿、方法或条件的不充分。

再举例一个购物的场景。顾客 A 在朋友的推荐下搜索某品牌护肤品，被引导去了社交网站并了解到产品的品碑不错，接着去品牌官网查询商品价格，但嫌价格太贵；然后去了 B2C 网站，可是又觉得物流太慢；顾客 A 还未下定决心购买时，又到了下班时间；于是，当顾客 A 偶然路过专卖店时，才最终产生了购买行为。这是个常见的购物过程，我们可以理解顾客 A 想要购买一个产品经历的诸多流程。如果现在把你放在 B2C 网站负责人的位置上，你发现顾客 A 浏览了你的网站，但你并不知道她其实已经经历了前面的种种流程，更不知道之后的情况，所以你获得的只是一个很片面的数据。如果你是这款化妆品专卖店的负责人，也不要太过高兴，你不过是比 B2C 的负责人好运一点儿。顾客每天都在和你擦肩而过，你要有多少运气才够用啊。

在以上例子中，单独了解每个环节的数据可能结果都是片面的，但如果每个环节的数据都可以打通的话，你就会开启“上帝视角”，发现一个“完整的故事”——只不过今天还没有人能够做到数据完整。

理想的状况是，我们能够像蜘蛛网一样把数据深入到各个环节，这样才可以即时响应很多用户的想法。这种多场景、多终端、多应用的全域大数据将会是一个里程碑。

随着移动互联网时代的到来，不在预期之内的大数据不断地进入我们的视野，人类对周边环境的感知（sense）能力伴随着传感器数据的加强，开始发挥极大的作用。这些都造就了今天人工智能的发展进入新纪元。明白了以上的前提后，我们就会更明白大数据整合和分享的重要性，以及不要唯利是图地胡乱买卖数据的重要性。

我们眼前的数据相对离散，终端和传感器（例如智能电视、智能家居、智能汽车等）的变化多端，这些都导致我们所讨论的全域大数据越来越像庞然大物：我们每秒钟收集的数据比前一秒更庞大，结构和标准也各不相同。例如，我们用的手机终端有苹果手机、安卓手机、黑莓手机等，而安卓系统下面还有小米、魅族、华为、三星等,不同型号的手机数据都会对数据的准确性产生影响。**在我看来，开启“上帝视角”是未来趋势，上帝视角下的应用场景会越来越多地出现。**对于我这样一个从事数据科学的人来说，这无疑是令人激动的。

这些数据都可以沉淀，复杂的数据环境给我们带来巨大挑战，但同时又伴随着前所未有的机遇。在机会面前，目前来说，我们还不够明智，还只是“各自为政”。

首先，每家公司、每个参与数据处理的“参赛者”，都想独自画出“数据链”上的全景图。我就曾经看过同一家公司内各事业部都在做自己的软件开发工具包（SDK）来做数据收集，他们没有分工、也没有讨论标准化，所得数据之乱可想而知。

其次，我们忽略了数据一体性。如果我们现在不重视数据的一体性，之后想要利用好数据的时候，就会发现自己已经被这些微小数据牢牢卡住了。的确，当公司规模生态还很小时，你会觉得这些数据影响不大。传统上，我们对多元化、多终端异构数据的产生，以及数据的质量问题等，往往不够重视，但一旦我们想要实现突破，想精准地应用数据，就会发现曾经的"差一点儿"已经成了云泥之别。**对数据使用的高手来说，数据质量就是生命之源。**

知是 Sensing，觉是 Knowing，知是觉的基础，新知新觉！

样本的偏见

假设你想买一款新手机，于是去询问 3 位朋友的建议——到底是买 iPhone，还是买三星。如果我们把这种经历当作一次抽样调查的话，我确定，它绝对不可能告诉你真实的结果。

我们在做抽样调查的时候，样本往往从一开始就有最常见的“偏见”——谁愿意反馈我的问卷，谁的建议就被反映在调查结果中；而不愿意给我反馈的人，他的意见就不会反映在调查结果里。有趣的是，被我们忽视了的那些没有反馈的样本，很多时候却是我们最需要知道的结果。

比如，今天淘宝做了一项调查，问：“你爱淘宝吗？”在收到 1 万份回复为“爱”时，我们的调研报告就得出了“大家都爱淘宝”这一结论。但事实上，我们总共发出了 10 万个样本，这一结果说明有 9 万个样本对这个调查保持了沉默。此外，我们在做调研时，会向被调查者赠送礼物，有些人是因为收到了礼物才觉得应该“说点好话”。在了解到这样的情况后，你还会轻易得出“大家都爱淘宝”的结论吗？所以，当我们分析一份数据的时候，一定要问自己：“样本的背后有什么是我们不知道的。”

我们经常会看到易观、Comscore、艾瑞等机构公布某一事物的调研数据。在看到这样的数据时，我常会问，他们的样本是怎么挑选的？据我所知，他们有一个第三方监控软件，它会以每月数百元的费用“购买”样本，并把监控软件置于后台。试想，如果你想做一个高端样本的调研，那么这种做法可行的可能性很小，就算有可能，结果也不会准确。因为他们即使出每月 1 500 元的资金也无法获取准确的数据。缘由显而易见，让月薪为 5 万元以上的用户把软件放在后台，然后监测自己每天做了什么，他们自然不会答应。所以说，在这种取样结果中，注定有一部分数据缺失而最终导致结果不正确。

在现实生活中，我们往往不会去想采样的问题，这就造成我们对很多调查结果深信不疑，我们的决策就会有对号入座的嫌疑，而这种嫌疑非常常见。比如，某人告诉你说他身边的很多朋友也是天秤座，这是因为他心里能想到的朋友很多都是天秤座，事实上其他他未能想到的人也可能是别的星座。再举两个现实中的例子，解释一下样本的偏见。比如，某人说他开了 2 000 次的汽车从没有出现过意外。今天，他喝酒了，但那 2 000 次里并没有酒后驾驶的样本，所以 2 000 次这个数据在今天是没有参考意义的，因为它并不能证明他喝完酒之后还能安全驾驶。而如果这 2 000 次中有 200 次喝了 3 瓶多白酒，而且喝完之后开了 50 公里回家的经历，那么，这 2 000 个样本就有参考性了。

样本数量是否足够与平衡的问题，是另一个常见的“偏见”。某杂志对用户们偏爱的手机操作系统做了一项调研，结论是现实中的人更多地在使用安卓系统。但是，这本杂志的读者群主要是 IT 界人士——这个取样一开始就存在偏见，而抽样又是来自读者群，再加上 IT 界人士本身也比较倾向于接受安卓系统，所以样本的不平衡就造成了结论的失真。

另外一个影响样本的因素是时间。阿里有一个 360 度调查用于反馈员工对部门的评价。如果我想拿高分，我会在调研前请大家吃饭，给大家培训……我做好所有调查中出现的项目。你要相信，短时记忆力是十分强大的，这就是一个典型的时间样本。这样的抽样是典型的“似是而非”。那么，假如想消除时间因素对结果的干扰怎么办？其实很简单，你只要随便抽取一天来询问员工："你的部门好吗？"这往往才会得出有价值的答案。

此外，偏见还会因为我们抽样时的询问方式出现。这里有一个很好的例子，亚马逊的调研就很让人信服，它的问卷第一句话就是："你的亲戚好友里，有没有亚马逊员工？"如果你回答"是"，那么很可能你的意见就不会在这份样本结果里出现。亚马逊的员工、亲友和普通亚马逊消费者的观念是很可能存在差异的。亚马逊的问法，使得调研出的数据更加精确，让有"偏见"的样本也存在了意义，因为它能区分双方的用户层次有多少不一样。

在调研过程中，如果这个样本在你调研前就是有目的的，那么这份有偏见的数据也是有价值的，比如可以通过交叉信息来验证结果是否准确。这在我们身边很常见，比如，你问三个朋友，我是买 iPhone 还是三星。但首先你得问："你用的是什么手机？"如果他买了 iPhone，却推荐三星，你就要追问为什么了。

同样，我现在去询问淘宝"小二"："你会选择在哪里购物？"他们熟悉淘宝，肯定会受到影响。而如果对"小二"们调研，结果显示更多人愿意去京东、当当购买商品时，这就证明京东和当当确实不错——起码就某些类别来说是不错的。此时，有偏见的样本对企业仍然存在价值。

值得注意的是，样本跟大数据不同。大数据相信全量数据，而非样本；是分析得出，而不是抽样获得。

BIG DATA

05

数据分类与数据价值，什么才是你的核心数据

在大数据时代，企业首先要做的是收集大量数据，但收集数据并非仅是把收集过来的数据放到硬盘里面那么简单，更重要的是对数据进行分类、存储及管理。不然就如同一个杂乱的储藏室——放东西进去的时候很轻松，等到要找东西出来的时候就会浪费大量的时间，甚至可能再也找不到。如今，数据在企业中已经充当了一种生产原材料的角色，而既然是原材料就要被估值。

从数据角度来说，估值就是通过不同的维度去思考数据的价值。只有基于对数据的分类和对数据价值的不同认识，才能去对数据做筛选。如果连有多少种数据都不知道的话，我们很难描述数据被收集后到底如何进行筛选，也不知道哪一个数据更有价值，更不知道哪一个数据需要更安全的处理，甚至不知道在它的生命周期中做备份的策略是什么。

对于数据的认知，完全取决于我们是否拥有认知自己所拥有数据的能力，是否能够筛选出到底什么是我的核心数据，到底什么数据会被我们频繁地使用。

数据分类为什么如此重要

> 数据作为一种资产，不同的数据含金量必然不同，自然就会产生不同的价值。而且，就同一组数据而言，在不同的环境下甚至会呈现出不同的价值。

在大数据时代，每做一件事情我们都要知道确切的目的是什么。从自我的角度考虑，当我们给数据分类之后，真的就能更容易理解大数据吗？

“数据”本来就是一个既清晰又模糊的概念。之所以说“清晰”，是因为每个人对数据都有概念，而且每个人每天都会接触到各种各样的数据；而说“模糊”，则是指数据本身包含了各种不同的类型，能够产生完全不一样的价值。

至于数据到底应该怎么进行分类，则需要视不同的场景而定。就好比“人类”一样，如果拿人类和动植物来做比较，人类整体必然有不同于其他物种的特性，这时，“人类”就是一个非常“清晰”的概念。但是，如果要对“人类”进行更深层次的分析，显然需要对不同类型的“人”进行比较和分析。在很多场合下，可能还要对不同种族和不同年龄层进行分类和分析。

数据作为一种资产，不同的数据含金量必然不同，自然就会产生不同的价值。而且，就同一组数据而言，在不同的环境下甚至会呈现出不同的价值。就好比衡量黄金和铁这两种金属的经济价值，同样重量的黄金其价值必然远胜于铁；但是如果用来做刀剑，那柔软的黄金显然就不是合适的材料；而黄金和铁的合金可能又能够在另一个场合有一定的应用。

对于数据而言，不同的场景也会产生不同的价值，有些数据可能会变成一个运营指标，能够让管理者更好地对业务进行决策；有些数据可以对未来进行很好的预测，而不同的数据进行有机结合之后又能够对用户做出更好的商品推荐。**一个好的工匠必然对各种材料的性质及使用方法了如指掌，而一个好的数据从业者则必须要对各个数据的价值和稳定性洞若观火。**

遗憾的是，并不是每个数据从业者都能够很好地对数据进行分类和估值。很多时候，我们可能只看到了数据的一些应用场景，却不能够更加深入地进行数据的管理和应用。

当我们将焦点放在一组数据“能产生什么价值”上时，往往会忽略其生产过程，因为我们的很多数据是经历了加工才产生这个价值的，而往往其中整个加工链条的中间数据并未被区分出来。就好像我们在吃一盘西红柿炒鸡蛋，“好吃”是结果，但如果你问西红柿给“好吃”贡献了什么，鸡蛋又贡献了什么，你可能就回答不出来了。

古语有云：“治大国若烹小鲜。”其实做数据也要有这样的感觉，尤其是在大数据时代，更是要做到精细化。还是拿西红柿炒鸡蛋这个例子来解释。

我们这次做的可能是这样的一盘，那么下次是不是还能保证做的口味完全一样呢？如果要做到口味完全一样，那我们应该怎么做呢？当然，你可以说这个过程已然成了一种习惯，是一种感觉，但是一旦需要做到标准化或者所有的人都要做到一样，与这样的“习惯”相比，就不如找出当中的规律了。

这个过程是一个定量分类和管理的过程，也是一个标准化的过程——多少西红柿和多少鸡蛋。如果再精细一点，就要看哪里种植的西红柿、哪一个养殖场的鸡蛋、西红柿的成熟程度怎么样、鸡蛋一个要多少克，等等，所有这些内容都要有精细化的规定。

那么在运用数据上，这样一个精密的过程就更加必不可少了。比如说，这次可能运用了一个模型，效果不错，这次用的这组数据效果也不错，那下次是不是还能保证有类似的效果呢？或者说，场景变换了还能保证类似的效果吗？这些都是需要去认真思考的问题。

数据分类的 4 大维度

> 在观察与分析数据中，我们要从中间抽象出来，更好地将数据进行归类和整理，从而更加清晰地识别出数据的价值。

今天，我们多数人把自己关注的焦点放在结果上，忽略了过程，而事实上这些过程其实也蕴含了数据管理的过程和数据分类的过程。有些关键数据必须做好保护，若这几个数据变了，或者被污染了，前面的价值也就无法保证了。有人肯定会问，管理数据是一个过程，能不能分解？能不能区分哪些元素是比较重要的？哪些是有替代品的？哪些是无可取代的？哪些是不可或缺的核心？其实，这些问题就包含数据战略。

所以，我们不可以含糊地应对，要从中间抽象出来，更好地将数据进行归类和整理，从而更加清晰地识别出数据的价值。我们可以从不同维度将数据分为以下 4 种。

维度 1：以是否可以再生为标准

按照是否可以再生的标准来看，数据可以分为不可再生数据和可再生数据。不可再生数据通常就是最原始的数据，比如用户在访问网站时，浏览记录会追踪用户的行为，如果当时没有被记录下来，就没有其他数据来还原用户的行为了。这个有点像拿着相机拍闪电，抓拍很重要，一旦错过，闪电就不可能再重复刚才那一瞬间的光影了。因此，对于用户日志类等不可再生数据而言，必须要有很完善的保护措施和严格的权限设置。现在，很多系统都有备份多份数据的功能，理想情况应该是，因为磁盘损坏而造成数据丢失的案例应该越来越少。但是，因为系统升级失败和误操作等失误造成的数据丢失在各家公司都屡见不鲜，见怪不怪了。

可再生数据就是通过其他数据可以生成的数据，原则上，指标类数据的衍生数据都是可再生的——只要原始的不可再生数据还在，就可以通过重新运算来获得。不过千万不能因为“可再生”这个词语的存在，就对可再生数据掉以轻心。有些可再生数据是通过很长时间的积累不断加工而成的，是长时间从海量数据中计算出来的，比如对某个用户在数个月内的连续购买行为产生的规律，如果未做保护，虽然仍然可再生，但是再生的时间却会给企业带来问题。因为即便对于有顶尖计算能力的公司来讲，都可能是数日，甚至是数周、数月，而这个时间过程可能就会对公司的某一项核心业务造成毁灭性的打击。

对不可再生数据而言，已有的数据要严格保护，想要但是还没有的数据就要及早收集。举个例子，很多电子商务网站是不关注客户在商品详情页面有没有做滚屏操作的。如果这一类型的数据没有被记录下来，企业就无从知道详情页的有效性。当商品页面进行改版，需要对此类数据进行参考时，就没有办法来获得相应的数据支持，最后能做的就只能是等待在页面上进行布点开发，等待数据收集到之后再进行决策，这就造成了决策的延误。

对可再生数据而言，要及早做好业务的预判和数据处理的规划，这样一来，数据在需要的时候就能够快速地获得应用，我们把这一数据叫作数据中间层。

维度 2：以数据所处的存储层次为标准

按照数据所处的存储层次来看，数据可以分为基础层、中间层和应用层。从数据的存储角度来说，数据有很多层次。基础层通常与原始数据基本一致，也就是仅仅存储最基本的数据，不做汇总，以尽量避免失真，从而用作其他数据研究的基础；中间层是基于基础层加工的数据，通常也被认为是数据仓库层，这些数据会根据不同的业务需求，按照不同的主体来进行存放；应用层则是针对具体数据问题的应用，比如作为解决具体问题的数据分析和数据挖掘的应用层的数据。

在存储层这个层面上，最大的问题就是数据的冗余和管理的混乱。尤其是对于一些拥有海量数据的大公司而言，数据的冗余问题尤为严重，由此造成了大量的浪费。在大公司中，进行数据分析、开发、挖掘的人可能有数十甚至是数百人，这些人可能归属于不同的业务团队，为了满足不同的业务各自分析数据应用。这样一来，不同的人可能都从头开始建立起了一套包含基础层、中间层和应用层的数据，而彼此之间又没有合适的交流方式，也就造成了工作的浪费。那是不是应该把所有的数据进行更好的归纳或者管理呢？我认为这也不是绝对的。任何管理方法，无论是集中式管理，还是分散式管理，都各有利弊，而且人和业务多了之后，企业也很难进行集中式管理。

我给出的建议是，基础层必须统一，因为这是最基本的数据，而且基本数据是原始数据。除了备份的需求外没有必要在各个场合保留多份数据。只要保证这个数据有良好的元数据管理方式，就能极大地降低成本。而对于中间层和应用层而言，则要视具体情况而定。如果公司的业务相对单一且成本压力比较大，则建议集中式管理；如果公司的业务量非常大,则可以由多个数据团队来进行分散式管理和应用，以保证基础层单位有最高的灵活性。

维度 3：以数据业务归属为标准

按照数据业务归属来看，数据可以分为各个数据主体。按照业务归属分类的意思就是，将数据按照不同的业务主体分门别类地进行归纳。就好像仓库一样，将不同的物料进行分类存放，可以提高其使用和管理的效率。按照业务归属分类的数据在不同公司可能体现出不同的内容，在平台型电商可以分为交易类数据、会员类数据、日志类数据等。交易类数据是指平台型电商的订单流水，其中包含了买家、卖家在什么时间成交了什么商品；会员类数据记录了买家、卖家的身份信息，比如注册时间、身份证号码、信用等级等信息；

日志类数据则更多的是指用户的行为，即哪个用户在什么时间段访问了平台的什么页面、点击了什么按钮等。

对于数据的分类主体，则要根据业务特点进行归类，并没有一个特别的硬性规定。总体的原则就是让数据的存储空间更少，分析及挖掘的过程更简单、快捷。

维度 4：以是否为隐私为标准

按照是否为隐私来区分，数据可以分为隐私数据和非隐私数据。顾名思义，隐私数据就是需要有严格的保密措施来保护的数据，否则会对用户的隐私造成威胁。用户的交易记录属于隐私类数据，对于一家有着良好数据管理机制的公司而言，通常的管理方法是对数据的隐私级别进行分层，数据从安全的角度可以进行两种类型、四个层次的数据分层。两种类型就是企业级别和用户级别。企业级别的数据，包括交易额、利润、某大型活动的成交额等；个人级别的数据就像是刚才提到的身份证号码、密码、用户名、手机号等。四个层次是对数据进行分类，分别有公开数据、内部数据、保密数据、机密数据。

当然，也有隐私数据保护得不好的企业，之前很多隐私泄露的案例都对用户造成了很大的损害。比如，某些网站几十万的开房信息泄露、数百万的密码泄露等都是类似的事故。随着拥有大量数据的网站和公司越来越多，数据安全就越来越成为一个核心的点——需要投入专门的人和专门的团队来进行数据安全的管理。而数据安全工作的推动，初期往往会受到一线员工的反对，因为任何一个安全系统都意味着已有的权限被收回，也会因为改变工作方法而降低效率。**所以，拥有大数据的企业高管必须要关注数据安全，否则数据越大，对“恶人”的吸引力就越大，最终用户和公司的损失也就越大。**

数据的 5 大价值

> 能够辨别关系、身份的数据是最重要的。这些数据应该是有多少存多少，永远不要放弃。在大数据时代，越能够还原用户真实身份和真实行为的数据，就越能够让企业在大数据竞争中保持战略优势。

如果说数据分类的目的是为了对其有更好的认知和管理的话，那么，对不同数据价值的认知就是让数据更好地被应用的前提。对于数据来说，如果仅是将数据收集起来不进行运用，那除了占用存储空间、加大存储成本之外没有任何价值。但在实际运用中，也需要认清数据到底能够产生什么价值：有时候，同一组数据可能会在不同场合产生完全不一样的价值；有时候，单一的数据没有什么特别的价值，需要组合起来才能产生价值。

数据价值 1：识别与串联价值

顾名思义，识别的价值，肯定是唯一能够锁定你目标的数据。最有价值的比如身份证、信用卡，还有 E-mail、手机号码等，这些都是识别和串联价值很高的数据。在前面我多次提到的搜索 T 恤的例子中，电商网站识别“你”的方法就是你的登录账号。千万不要小看这个账号，如果没有这个账号，网站就只能知道有一些商品被用户浏览了，但是却无法知道是被哪个用户浏览了，更不可能还原出用户的购买行为。

当然，识别用户的方法不止登录账号一种，对用户进行识别的传统方法还包括 cookie。cookies 是在你浏览器里面的一串字符，对于一个互联网公司来说，这就是识别用户身份的一个标记（当然也可以选择禁止被追踪），所以你就会发现你在搜索引擎上搜索过一个词语，在很多网站都看到相关的资讯或者商品的推荐，就是通过 cookies 来实现的。很多互联网公司都非常依赖 cookies，所以会采用各种 cookies 来记录不同的用户类别，单一的 cookies 没有价值，将用户登录不同页面的行为串联起来才产生了核心价值——串联价值。

然而，现代社会已经不再是一个单纯的“PC+ 浏览器”的时代了。2013 年被很多人认为是移动互联网元年，之后这几年，用户接触互联网的方式快速地向“PC+ 手机 + pad”的形式转移，互联网已经进入了多屏时代。**在信息多元化时代，单纯运用 cookies 来识别用户行为的方式已经过时了。**为了解决这一问题，企业开始使用一定的账号体系对用户进行设限，在各种场合提醒用户使用手机号注册或者用手机号来换取更多的权益，本质上就是希望能够在多屏时代把用户“认”出来。

网络是一个自由开放的社会，很多用户可能会出于不同的目的去注册多个账号，如果简单从账户的角度去看的话，可能会被认为是多个用户；但是，从现实的角度来看的话，他又是实实在在的同一个人。在一般的场景下，有多个账号可能不会是什么特别的问题，但是一旦涉及反欺诈等需要识别到“人”的场景时，则必须要将之识别出来。所以，在这种场景下，识别用户的时候要对串联数据做灵活处理，比如一些隐秘的识别和串联数据——密码。密码不能让企业完全认定两个用户是同一个人，但是，当企业怀疑这两个账号是同一个人的话——他们的密码往往很类似或一样，由此可以判定这两个账号肯定是同一个人，为了方便很少人会给自己不同的账号设置不同的密码。当然，作为用户的你大可以放心，因为在大公司中你的密码都是被加密过的，没有人知道你真正的秘密是什么，对比密码的方式也仅仅只能是对加密后的一串字符做比较。

在美国，另一项非常重要的数据——车牌号，也对用户的识别具有重大意义。据说，美国 FBI 对人和车的跟踪是分开的，他们认为车牌号很重要，和人有着非常高的相关性，能串联起来用户的很多信息。

如果你想知道日常生活中哪些是很有价值的识别和串联数据，那么可以回想一下你的银行卡丢失后，你打电话到银行卡中心时对方会问你的问题。一般来说，对方会问你“你哪天发工资”“你家里的固定电话号码是什么”等类似问题，而这一系列问题就是在把你的个人数据做一个识别和串联。因为在银行怀疑某个人是不是你的时候，生日、固定电话号码是有权重的。有可能在有了两三个这样的数据后，即使你没有密码，银行还是会相信你，为你重新办卡。

我在运营数据的时候，经常观察这样的数据，有时候能够直接识别，有时候需要间接识别。电话号码、生日这些都是非常重要的数据，因此，我认为有些人把自己的生日放在社交网络上，是非常不妥的做法。

所以，千万不要小看识别数据的价值，我的经验告诉我，能够辨别关系和身份的数据是最重要的。这些数据应该是有多少存多少，永远不要放弃。在大数据时代，越能够还原用户真实身份和真实行为的数据，就越能够让企业在大数据竞争中保持战略优势。

数据价值 2：描述价值

还用 T 恤的例子来分析。你搜索 T 恤,搜索的是什么品牌、材质、尺码等类似的数据，而这些都是描述数据，可以用来刻画研究对象。研究对象可以是商品，可以是企业，可以是用户，而反过来，描述数据也可以帮助我们更好地理解研究对象。

在网络上，我们经常会听到很多关于“好男友”标准的段子，比如“身高 170 ~ 180 厘米、体重 60 ~ 75 千克、月收入 5 000 ~ 10 000 元、不抽烟”等，这其实就是将“好男友”这样一个感性的指标数据化了，这里用到的数据就充当了描述研究对象的作用。

在通常情况下，描述数据是以一种标签的形式存在的，它们是通过初步加工的一些数据，这也是数据从业者在日常生活中做的最为基础的工作。一家公司一年的营业收入、利润、净资产等数据都是描述性的数据。在电商平台类企业日常经营的状况下，描述业务的数据就包括成交额、成交用户数、网站的流量、网站详情页的流量、成交的卖家数等，我们就可以通过数据对业务的描述来观察交易活动是否正常。

但是，对企业来说，数据的描述价值与业务目标的实现并不呈正比关系，也就是说，描述数据不是越多越好，而是应该收集和业务紧密相关的数据。比如一家兼有 PC 平台和移动平台业务的电子商务公司，在 PC 上可能更多地是关注成交额，而在移动平台上更多关注的应该是活跃用户数。

描述数据对具体的业务人员来说，能够使其更好地了解业务发展的状况，让他们对日常业务有更加清楚的认知；对于管理层来说，经常关注业务数据也能够让他对企业发展有更好的了解，以作出明智的决策。

描述数据最好的一种方式就是分析数据的框架。在复杂的数据中抽象出核心的点，让使用者能够在极短的时间里看到经营状况，同样，又能够让使用者看到更多他想看的细节数据。分析数据的框架是对一个数据分析师的基本要求——基于对数据的理解，对数据进行分类和有逻辑的展示。通常，一般优秀的数据分析师都具备非常好的数据框架分析能力。

数据价值 3：时间价值

如果你不是第一次在电商网站上买东西，你曾经的历史购买行为，就会呈现出时间价值。这些数据已经不仅仅是在描述 T 恤了，还展示出在这一时间轴上你曾经买过什么，以便让网站对你将要买什么做出最佳预测。

在考虑了时间的维度之后，数据会产生更大的价值。对于时间的分析，在数据分析中是一个非常重要，但往往也比较有难度的部分。我们可以通过以下两个案例来做更好的分析。

BIG DATA
数据分析实例

第一个案例是电商 A 首页的焦点图，是一个关于茶叶的广告，但这个广告并不是对每一个人都显示，对我显示的原因是我之前在电商 A 上买过茶叶。这个数据的价值就是广告系统通过对我历史数据的判断，将我识别成一个可能会买茶叶的人，并通过广告系统的内在竞价机制，将这一款茶叶推荐给了我。

第二个案例是关于一个类目的演进路线，其中存在一些很有意思的现象。比如烘焙用品会有一个明显的演进路线，黄油、模具、芝士、包装盒等用品会随着烘焙产品周边产品的演进而不断呈现出新的需求。这就是在大数据的基础上，基于用户的时间来对产品的演进进行分析，以让消费者更加快捷地找到所需要的商品。

大数据一个非常重要的作用就是，它能够基于大量历史数据进行分析，而时间则是代表历史的一个必然维度。数据的时间价值是大数据运用最直接的体现，通过对时间的分析，能够很好地归纳出一个用户对于一种场景的偏好。而知道了用户的偏好，企业对用户做出的商品推荐也就能够更加精准。

时间价值除了体现历史的数据之外，还有一个价值是“即时”——互联网广告领域的实时竞价（RTB，Real Time Bidding），它是基于即时的一种运用。实时竞价就是当用户进入某一个场景之后，各家需求方平台（DSP，Demand Site Platform）就会来进行竞价，对用户现实场景进行数据推送。比如，用户正在浏览一个和化妆品有关的页面或者正在商场逛街，在这个场景中就会出现和化妆品有关的信息。这个化妆品的广告不是预先设置好的，而是在这个具体的场景中通过实时竞价出现的。

数据价值 4：预测价值

数据的预测价值分成两种。第一种是对于某一个单品进行预测。比如在电子商务中，凡是能够产生数据，能够用于推荐的，就都会产生预测价值。比如，推荐系统推荐了一款 T 恤，它有多大的可能性被点击，这就是预测价值。预测价值本身没有什么价值，它只是在估计这个商品是有价值的，所以预测数据可以让你对未来可能出现的情况做好准备。推荐系统估计今天会有 10 个用户来买这件 T 恤，这就是预测。再问一个追加问题："你有多大的信心今天能卖出 10 件 T 恤？"你说有 98% 的可能性，那么这就是对未来的预判及准确度的预估。

互联网的很多场景都会对单品的预测进行运用——在电商 A 中，哪些商品能主推，哪些商品不能主推，都是可以通过数据的预测价值来体现的。又比如电商 A 的团购活动，每天有大量的卖家和商品想要报名上团购，那到底该如何进行选择呢？在这个过程中就要通过这个卖家和商品的历史数据，来预测它的某个商品是否能够卖到一定的交易额，如果能卖就能上，如果无法卖到一定的交易额，就不能上。

预测价值的第二种价值就是数据对于经营状况的预测，即对公司的整体经营进行预测，并能够用预测的结论指导公司的经营策略。

在今天的电商中，移动端是一个重要的部门，对于新的移动业务来说，核心指标之一就是每天的活跃用户数，而且这个指标也是对移动团队进行考核的重要依据。作为移动团队的负责人，到底怎么判断现在的经营状况和目标之间存在着多大的差距呢？这就需要对数据进行预测。通过预测，将活跃用户分成新增和留存两个指标，进而分析对目标的贡献度分别是多少，并分别对两个指标制定出相应的产品策略，然后分解目标，进行日常监控。这种类型的数据能够对公司整体的经营策略产生非常大的影响。

数据价值 5：产出数据的价值

从数据的价值来说，很多数据本身并没有特别的含义，但是在几个数据组合在一起或者对部分数据进行整合之后就产生了新的价值。

在电商中，这样的场景很常见。比如，在电子商务开始初期，很多人都关注诚信问题，那么如何才能评价诚信呢？于是就产生了两个衍生指标：一个是好评率，一个是累积好评数。这两个指标，就是目前在电商平台的页面上经常看到的卖家的好评率和星钻级别，用户能够基于此了解这个卖家的历史经营状况和诚信状况。

但是，仅以这两个指标来对卖家进行评价，会显得略微有些单薄，因为它们无法很精确地衡量出卖家的服务水平。于是，又衍生出更多的指标，比如与描述相符、物流速度等，这些指标最终变成了一个新的指标叫作店铺评分系统（DSR），可以用之来综合评价这个卖家的服务水平。

当然，某个单一的商品在电商网站上可能会出现几千条评价，而评价中又是用户站在自己的立场描述的，但是推及到某个用户上，每次买一样东西都要阅读几千条评价显然是不太可能的，因此就需要把这些评价进行重新的定位，以产生出新的能够帮助用户做出明智购买决策的数据，这些数据就是关键概念的抽取。我们可以看看图 5-1，就知道怎样让评价的数据来产生新的数据了。

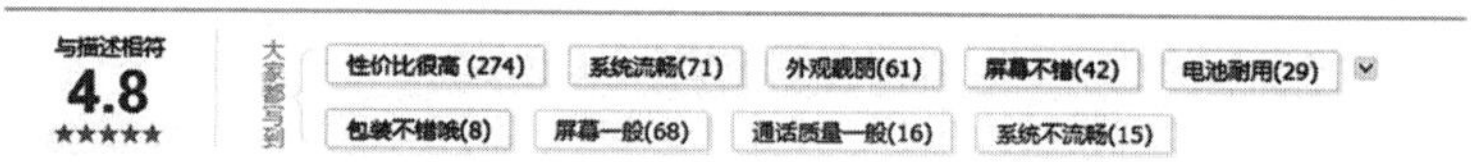

图 5-1　电子商务网站中会对用户购买行为产生影响的几大关键概念

在认识了数据的分类和明确了数据的价值后，我们就能更好地识别出哪些是我们想要的核心数据，从而更好地发挥数据的作用。**精细的数据分类、严格的数据生产加工过程，将让我们在使用数据时受益匪浅。**

用傻瓜的视角去观察

有一次，我在广东看舞狮子，突然有人跑来问我：“老师，中国有狮子吗？”是啊，中国并没有狮子。中国有老虎，没有狮子。在日常生活中，我们对石狮子和舞狮子已经司空见惯，所以并没有人会去考虑这样的问题。那么，中国是什么时候开始舞狮子和门口放石狮子的呢？于是，我到处去查证。

事实上，换一种视角去观察，我们会避免理所当然的盲点。这让我想起微信创始人张小龙，他曾经说在做微信的时候，自己有一个秘密武器——他可以一下子把自己变成傻瓜，从傻瓜的角度去研究产品的设计方法。我们每一个人，即使是成天在嘴上说自己不聪明的人，多少会有些自恋，也会认为自己是聪明的。其实，许多惯性思维会让我们变成真正的傻瓜，因为你永远不会去思考“中国有没有狮子”这个问题，也不可能会设计一个自己才懂得如何使用的产品。

比如，我给你一张白纸，命题的关键词是“贝壳”，你会很快速地把与命题相关的东西填满。这是因为从小老师就教我们背书，背得越快越好，谁快谁聪明——在这里，快速填满相关的东西就是聪明。

如果我们从思考这个角度来讲，这种做法虽然看起来聪明，但其实很笨。因为从反向的角度来看，你填满得越快、越熟练，你或许会越快成为了一个只会复制的机器，最终失去自主思考的能力。

有意思的是，如果我们用傻瓜的视角观察问题时，我们又应该用何种视角去做判断呢？此时，我的建议是不要以短期利益为重，眼光要放长远，利及众生。

一个为了当前利益而与身边人斤斤计较的人，长此以往如何会有真正的朋友呢？这是我们经常会经历的事情，虽然视野的宽窄影响着帮助我们做出判断的信息，但决策时也不应该只以短期利益作为考虑标准。

像傻瓜一样去观察，用利及他人的眼光去判断，用一句话总结来说就是："大智若愚。先是若愚，后是大智。"

在此，我举一个例子，我觉得"若愚"的意思就是：我知道"我不知道"。记得我的前老板，有一个习惯，他在提问前总会说："我很笨，刚刚我没有听懂，你能够再重复一遍吗？"现实中，把自己放在一个很低的位置去提问，这是很聪明的做法，但这对于很多人来说其实很难做到，特别是在拥有一定的地位、一定的能力后，他们更不愿意去承认"我不知道"。但你要知道，只有你知道"我不知道"，才能理所当然地说："对不起，我不懂，你能再重复一遍吗？"

在我所在公司的高层里，还有一位非常聪明的人。有一次开会，某个同事在讲他的规划，说到一半，我们的 CEO 就打断了他说："等等，你说的是什么？是说我们的服务器不够用，还是说有很多服务器不能用？"总之，后面会有一堆后续的问题等你解答，这让很多人觉得我们的 CEO 是一个令人"讨厌的人"。但他坚持的理念是，让问题清晰的思路下去做执行，这是依托在非常仔细的观察和解答完所有疑问后才做决定的"傻瓜习惯"。

另外，当我们看得长远以后，许多东西就公平了许多。同样的道理，在人生里，有大爱。学会帮助别人，你会发现，整个世界的时间仿佛都被拉长了，很多东西都变得公平了，而选择就变得容易了。

BIG
DATA

06

从用数据到养数据

The Business Revolution

过去，有一些问题一直困扰着我："现在的企业获取数据如此容易，数据的增长速度如此之快，那么对于企业来说，到底要收集什么样的数据？收集多少数据？收集数据的边界在哪里？"后来，我在美国遇到一位高人，他认为，过去收集数据很难，而现在获取数据资源变得越来越容易，**但是如果收集数据的出发点不是为了解决问题，那么收集再多的数据也没有什么意义。**

同时，许多企业还有一个疑问："现在收集数据不难，成本也不高，为什么不先收集了数据再说呢？等以后需要数据来解决问题时，再拿出来用不是也可以吗？"这位高人同样也给出了这个问题的答案，他对此持否定观点，并指出用这样的理念来设计数据应用注定会失败。

数据收集是没有边界的，我为此也痛苦了好一段日子，比如，收集一个人的生日，虽然可以精确到几分几秒，但这么精确的数据又能用在什么领域，又能产生什么价值呢？

事实上，数据是有生命周期的。比如，某网站的母婴频道在主动收集用户的宝宝信息，包含宝宝生日、性别、小名、身高、体重，这里我们就要清楚这几个数据的用途和生命周期，如宝宝的身高和体重。图 6-1 就为我们展示了这几大内容。但是，妈妈们填写的是宝宝当前的数据，我们知道宝宝的身高、体重变化非常快，也就是说这两个数据的生命周期很短，在当时的推荐中可能有用，但过了一段时间后，这两个数据就失效了；而宝宝生日和性别这两个数据的生命周期就很长，可以从生日的年份中推算出宝宝的年龄，而性别则基本是终生稳定的。

图 6-1　某电商母婴频道宝宝档案创建页

保存数据及其收集时的背景，也是一件不容易的事情。还是以收集宝宝的年龄作为例子来阐述，我们可以通过用户购买特定的商品集合，如几段奶粉和尿不湿的型号等，知道宝宝所处的大概年龄段，以推算出宝宝当前的年龄。但如果仅仅是保存宝宝几岁这个数据，那么这个数据很快也会失效，因为人的年龄是在动态变化的。同时，你还需要保存宝宝几岁这个数据获得的时间，即在哪年哪月计算得知这个宝宝的年龄，而这个信息就是背景数据。另一种做法更加聪明一些，即通过宝宝现在的年龄反过来推算宝宝是什么时候出生的。

所以说，在收集数据时，我们必须知道这些数据未来可以用来做什么，如果今天都想不出来的话，日后就更不可能了。

如今很多电商高管会询问数据分析师商品的重复购买率是多少。于是，工作人员收集数据来计算重复购买率，却很少想到高管们需要重复购买率是来做什么决定的，这就好比“刻舟求剑”。事实上，在世事多变的大数据时代，我们不能只是机械地套用方法或指标。

重复购买率有不同的定义，而做不同的决策需要考虑经过不同定义的重复购买率。如果一家投资公司想收购 A 公司，那么会从重复购买率来看 A 公司的运营良好程度或用户质量等；如果从 A 公司本身运营的角度来看重复购买率，那么它更应该关注的是日、周级别的重复购买率的变化趋势，或者当月新增客户有多少人在三个月后进行了重复购买，从而可以衡量出每个月新增及存量客户的忠诚度和质量，进而找出改善的空间。在知道了以上的背景之后，再去选择使用什么数据不是更有的放矢吗？

数据应用因小而美

"小"不是指数据量，而是指应用的目标很具体。

2011 年年底，作为一名数据分析师，我开始思考怎样从"用数据"转变为"养数据"（即从数据化运营转变为运营数据）。这段时间我为收集什么样的数据而特别烦恼，而且，我也曾经试图做出一个特别大且适合多数人使用的数据应用，可是后来发现这在数据应用的起步阶段几乎是不可能的：一是找到可以解决大部分人需求的数据应用并不容易；二是当时公司的数据非常丰富，需要考虑的因素很多，因素之间的联系又很复杂。

所以，当开发数据应用的时候，数据就等于原材料；当原材料一直处于变化的情况下，做出来的产品就很容易出问题。体会到数据和应用的关系之后，我最后决定从小角度切入，先把小应用做出来，这就是很好的瞄准器。

"小"不是指数据量，而是指应用的目标很具体。许多人在没有获取足够的数据，并且缺乏对数据理解的情况下做出决策，其实是在"享受"自己的无知。打个比方来说，对于一款数据应用，如果我的目的是分辨两种决策谁更好以及差异在哪里，这就是一个很具体的问题；但如果我的目标是想知道如何让公司赢利，这就是一个空泛的目标。

经过这样的一番周折后，按照小角度切入的想法设计数据应用，就可以做得具体而快速，而且可以避免因原材料的变化而导致数据缺失的问题。

把数据放进“框”中

> 在大数据的背景下，必须考虑数据之间的关联性。一个单独的数据是没有意义的，要把数据放在一个“数据框架”（场景）中，才能看出存在的问题。

为了把这个问题说得更明白，这里我拿一家电商公司找我讨论的问题来举例。

BIG DATA 数据分析实例

A 公司问我，要不要撤去导航网站的广告？因为它怀疑许多老客户是从导航网站访问官网，而不是直接访问官网。把这个问题说得再直白点，就是他们想弄清楚在导航做广告与公司业务之间的关系。那么，接下来就要观察用什么“数据框架”有助于其作出决策。

1. 公司当前的投入产出比

- 明确导航网站引进的新老用户占比如何？
- 引入的新老用户的投入产出比和转化率如何？
- 推断撤去导航网站，对流失新老用户的影响如何？

2. 与竞争对手的博弈

有一个问题可能会被忽略，那就是你不做导航网站广告，你的对手就会立马投放此广告。做数据框架的时候，要特别注意框架不是静态的，而是存在博弈的，需要把竞争对手的因素考虑进来。

3. 考虑时间因素

- 用现在、过去和未来的眼光来审视导航网站，看看导航的质量是不是越来越好。

- 需要注意的是时间有延迟性，引进来的流量会有一些延迟，在两三个月后才能知道新用户的价值。

总之，“数据框架”是商业分析师的灵魂所在，可以让其从框架中找寻问题的关键因素及答案。不同的问题有不同的框架，不能完全在此进行阐述。

如何用框架来做决策

> 想要解决的问题越复杂，框架也就越复杂。但是，决策最重要的前提是要从小角度切入，从“小”做起。

对此，我总结了 4 步走的方法：

首先，确定有什么问题，从解决问题的角度出发去收集数据。

其次，把收集到的数据整理好，放入一个“数据框架”内（这个框架是用来帮助决策者做决定的）。让决策者用框架更清楚地看到数据与决策之间的关系，比如 A 公司在框架内要知道竞争情况、新老客户的比例情况等因素以及多种因素之间的关系。

再次，看框架与做决策的关系。比如，A 公司与导航网站有 3 种选择——完全不合作、部分合作和全面合作。数据分析师就可以根据数据框架告知 A 公司该怎么决策。如果发现数据框架与决策不能匹配，就必须返回到第 2 步。

最后，根据决策行动，然后检查行动是否达到目的。如果行动后发现根本没有达到目的，就要检讨整个链条，寻找问题出在哪里。

是数据有问题吗？还是因为框架不对？或者是决策不对？是否还有数据没考虑进去？

所以，想要解决的问题越复杂，框架也就越复杂。对于现在多数还没有开始做数据应用的电商公司来说，框架一开始千万不要过于复杂，一定是要针对某个需要解决的具体问题开始搭建框架，令框架与决策紧密相关。所以，在搭建框架前问问自己："我目前的问题是什么？我的决策是什么？我的框架又该怎样搭建？"虽然你的回答可能多种多样，但是，最重要的前提是要从小角度切入，从"小"做起。

养数据，重要的数据战略

> "用数据"更多的是一种方法论，而"养数据"则是一种数据战略，是基于深入业务理解的更高层次的商业决策。

"养数据"还有一个重要的含义，就是要决定收集哪些数据。这个决定不容忽视，因为这可能是公司数据战略中非常重要的一个环节。因为，很多公司的做法，是有什么数据就收集什么数据，完全没有主动性，但这样做遇到的一个核心问题就是，公司自主思考的能力开始缺失，对该收集什么样的数据不甚了解。事实上，在我看来，被动收集数据的行为是"收集"，而主动收集数据的行为则是"养数据"。再拿上面讲到的某电商母婴频道的例子来说，如果收集主体是一家医院，那么宝宝的姓名、性别、出生年月和妈妈的姓名等数据的收集，就是收集数据，因为在住院档案和出生证明上，这些都是必不可少的。但是，如果是母婴用品要针对家庭进行营销，那么这些信息显然是不够的，宝宝奶粉的品牌、家庭收入、职业等信息则需要企业自己主动去收集，而这些数据也就是“养”出来的数据。

养数据通常有两类，一类是网站自身没有的数据，需要用户主动提供的；另一类是公司拥有的，但没有进行收集的数据。

若要收集公司没有的数据，在“养数据”时通常需要花费更多的精力和技巧。举例来说，现在国内外有很多个性化的手机购物应用，他们会根据用户的偏好进行商品的推荐，让每个人都有完全不一样的购物体验。具体的运作原理是，当用户第一次使用这些应用时，界面中会弹出一些问题，通过互动的方式来收集用户的信息数据，比如会出几款衣服，让用户挑选哪一款是更喜欢的。这样，在几个问题之后，应用就知道用户的喜好了。这类应用通常还会有另外一个特点，就是会让用户点“赞”，这个点赞的功能，就是让用户明确地告诉应用自己喜欢什么，这样用户就可以在过程中，不断地告诉应用自己的偏好。这样一来，应用就可以“养”出用户的核心数据。

对于公司有数据但没有收集的状况，则更多的是因为内部资源协调的问题和公司决策的问题。很多提供餐饮和团购类信息服务的网站，通常会有一个功能是“把信息通过短信发送到手机”，这样就不需要用户进行特别的记录，不过有些网站会记录用户的手机号，而有些网站则不会。那么，这些手机号需不需要企业保存下来呢？这就是一个与业务决定和资源协调相关的问题，如果决定是记录，则必然会需要开发人员在后台进行功能的优化，如果不记录，那就会丢失这部分信息。我的观点当然是记录这些数据，也即是“养”数据，因为这不仅能够校验用户的手机号码是否有效，还能够慢慢地建立起企业与用户的社交关系。

总之，“用数据”更多的是一种方法论，而“养数据”则是一种数据战略，是基于深入业务理解的更高层次的商业决策，数据养的越早，积累的数据也就越多。养数据同样也是一种管理和商业艺术，在养之前可能谁也不确定最终会出现什么后果，但一旦养成，则会产生非常大的商业价值。

远离“或”选择

我们做的很多决策都是“Yes”或“No”，比如看电影，看或不看只有一个选择。

在遇到压力的时候，我们非常容易走进“或”选择的阶段，会一直盯着“去”或“不去”看电影这个选择，而不会考虑“可不可以去喝茶”，这也是选择，但在我们心中却是余地非常小的选择。因此，当我们面对这样两难的问题时，一定要从压抑中迅速跳出来思考：可不可以不是“或”，而是“也”。要不要去看电影？不去或者也去。

比如，有一天，你走进一家古董店，看到了一件很喜欢的东西，就问：“老板，这个多少钱？”老板看到你进来时眼睛一直盯着这个古董，于是聪明地对你说：“您是今天的第一位客人，很有缘啊，您随便开个价吧。”于是，你开价 500 元。老板马上说：“不行啊，这个价值 1 500 元。”你说：“不，我就出 500 元。”老板说：“好吧，今天第一笔生意，当送你了。”事实上，500 元成交的这件商品或许只值 100 元。在这个过程中，其实只要你一张口开价，便意味着老板已经成功地把你引入“或”的选择题中。老板心里笑了：“吃定你了。”开价，就等于在给你一个“或”式选择：500 元，要或不要？没有第三种选择。

但是，如果你足够聪明，在看到老板想要把你引入“或”的选择时，应该立即跳出来。此时，你无须开价，而是问："多少钱？"老板说："1 000 元。"你说："为什么值 1 000 元？"老板会说："这个是明朝的东西。"你再问："怎么证明是明朝的啊？"这样之后，你会觉得豁然开朗许多。

别把自己逼到"或"式选择的境地，这在逻辑思考中非常致命。你必须跳出来，问："为什么是'或'？"

讨价还价的时候，停一停："为什么是 1 000 元？"

讨论今晚是否看电影时，等一等："为什么要看电影？"

别人说数据增长 20% 时，想一想："为什么是 20%？"

如果想做一名数据分析师，你脑海里就要长期装着这样一个想法："这个数据是怎么来的？"你要打破局限，不要把自己封闭在狭隘的思想中。在未来商业中，谁被逼到"或"式选择境地，往往谁吃亏。

"或"式选择在电商的活动中也很常见，"促销的最后一天"就是给你一种压力，让你不知不觉走进"买或不买"的选择中。那么，这时你该怎么做呢？你应该快速地退后一步思考，为什么是最后一天？其实，这是一个假信息，其实前两天就已经是其所谓的最后一天了。就像在街头，我们常见的那种店——最后 3 天促销，但 3 天又 3 天过去了，半年过去了，还是最后 3 天大促销。这些店就是在骗那些刚好今天走过、以前没有来过的新顾客，把他们推到"买或不买"的境地。其实，对这些新顾客来说，他们不走到这里，就会还有很多选择。

如果你足够细心的话，会发现小孩大都用的是"或"式选择。小孩要是问现在能不能看电影？如果你否决了，他不会建议去打高尔夫球。在没接受教育之前，小孩都不会有这样的想法。在经过教育之后，他们才慢慢开始懂得怎么做出选择。但长大之后，在外界的压力下，很多人往往又会变回小孩，逼得自己没有选择的余地。

如果把这样的思考应用在我们的成长之中，很多人就是受"或"的概念影响，将自己不成功的原因归结为某件事情没有做好，他们不会想到失败的结果可能是由于自己没做过另外一件事情。

我在澳大利亚曾经勤奋地练了两年击剑，击败了很多人。但我发现，当我上了新台阶后遇上高手时总是输。教练对我说，如果想要摆脱现状，就要加强防守。教练说：“过去你赢对手，是因为进攻很厉害，而同级中比你差的选手会因为你的快速进攻而败下阵来。但现在你想快速进攻，就会发现胜利的可能性已经很小了。事实上，这时候不是你的进攻不够快，而是防守不够好。当你防守很好的时候，就可以做到假进攻真防守，或假防守真进攻，因此当你攻击时，对手不会太早防御你。你发现没有，别人输给你，是因为怕防守，而不是怕进攻。”

同样的道理，在面对“或”选择的时候，我们更容易被惯性牵绊。很多时候，你需要远离“或”的概念，才不会被困住而浑然不觉。

BIG

DATA

07

数据的盲点，负面数据的力量

The Business Revolution

如果数据存在盲点，核心数据就无法轻易显现出来。那么，分析有盲点的数据就像是在清水中炼油，虽然耗时耗力，但仍有可能会一无所获。那么，为什么有人能在相同的数据中找出关键点，有人却一无所获？大数据时代，在思考的过程中，有一个问题必须得到解决，那就是假定数据都是可以获得的情况下，什么样的数据才是关键？

数据盲点

> 在数据中，盲点可以分为两类：一类是物理盲点，另一类是逻辑盲点。

既然谈到了盲点，就必须要对“盲点”下一个定义。我们通常意义上的盲点指的是，眼睛没有看到的现实存在体。数据上的定义也基本类似，就是指被我们无意中忽略了的重要数据或者角度。在数据中，盲点可以分为两类：一类是物理盲点，另一类是逻辑盲点。

物理盲点

所谓物理盲点，就是指在数据库中不存在这样的数据，即企业没有收集到应该收集的数据，这一类数据问题的产生通常是数据收集策略出了问题。让我们来回顾一下在商品详情页上作标记的这个案例，之前我们在评价某一个商品是不是被用户有效地浏览时，使用的数据指标是用户在页面上的停留时间，但是这个指标存在天然的缺陷。

首先，停留时间并不完全代表用户对商品的喜好。在企业收集到的数据场景中，有很大一部分可能是用户的无意识停留行为，比如，用户刚打开网页，就被领导叫出去开会或谈话等，而这种情况导致用户在某些页面停留时间过长的数据就没有收集的必要。**其次，停留时间通常情况下不容易计算清楚。**在传统的日志模式下，停留时间都是按照下一个页面打开的时间作为上一个页面结束的时间。当一个人在多个窗口同时停留时，则会陷入停留时间过短的误区。在要评价用户是否对页面感兴趣时，数据就出现了物理盲点——企业没有精确的数据来描述用户是否对商品感兴趣。面对这种情况，就需要企业在商品详情页上用技术的手段作上标记，以记录用户在页面上是否有动作以及是否滚动屏幕去看更多的内容。在明确了用户具体看到了哪些内容后，企业就收集到了相应有效的数据，就能够很好地对商品页面进行后续的分析。

对于物理盲点来说，如果出现在电脑的网页上，算是“万幸”；

如果出现在移动客户端，那就是一个比较大的问题了。为什么这么说呢？因为电脑上网页的模式是网站可以随时调整的——上一秒做完改版，加上代码发布后，下一秒用户就能看到全新的内容，企业需要的数据也会在下一秒开始收集。但是，物理盲点一旦出现在移动端 App 上，就会给数据收集带来很大的难度。

造成这种现象的主要原因有两个：第一个原因是移动终端的数据收集技术还不是很成熟，即便是已经想到了要收集手机的哪些数据，也会由于开发工程师的疏忽等非主观原因造成数据的忽略，当然，PC 端也可能会有疏忽。而第二个原因会让这个问题加重，在 PC 端，如果出现了因疏忽造成数据遗漏的情况，企业可以通过快速地修复网页来弥补，一般只会造成几分钟或者几小时数据的遗漏。而移动 App 客户端就没有那么容易了，因为移动终端要求用户经常更新版本，但实际生活中，并不是所有用户都会安装新版本。另外，即便是所有用户都愿意安装新版本，新版本的推出也会受到系统方的制约，比如，对于 iOS 系统而言，申请发布新版本可能需要等待数日。这时候，整体的数据收集活动就会遭受很大的影响。所以，在数据收集的规划期，一定要尽可能地想清楚自身需要什么数据来衡量业务，尽可能地避免可能出现的盲点。有时候，为了避免盲点，企业必须尽可能多地收集一些数据，以此来减少物理盲点出现的可能性。

逻辑盲点

相对于物理盲点的数据遗漏情况，逻辑盲点就是有数据但是没有被很好地发掘出来。数据逻辑盲点的出现很多时候与数据分析师或者数据使用者的经验和敏感度都有关系。在分析数据时，相关从业者需要对数据抱有敬畏之心，不可轻易放过任何一个可能产生问题的点。

通常，企业在分析数据时，会将焦点放在宏观数据上，比如登录商品页面浏览的总人数。很少有人会去关注个别商品页面的浏览人数，而且即使是有些商品的浏览人数明显激增时，分析师往往也不会投入精力去详细研究——由于日常工作的繁忙，这类数据更多时候是被当作一个异常数据忽略了，而这就形成了一个盲点。逻辑盲点如果未得到重视就很有可能对企业的业务造成极大的损害。

BIG DATA

数据分析实例

曾经，在某电商网站就出现过这样的一个案例：某一个商品的浏览人数非常多，而这个商品的交易量却很有限，这与常理是不相符的，因为通常情况下，大量的浏览一定会带来大量的成交，那么，为什么会出现如此违背逻辑的现象呢？后来，该电商网站的一名员工发现，他虽然没有浏览过这个商品，但却在自己的浏览记录里发现了这个商品，奇怪之余，他马上就上报了系统故障问题。直到这时，大家才投入精力去重点解决这个问题。后来，经过认真的分析发现，是有人用了一种非常“聪明”的方法在刷数据。该电商网站的用户 ID 是一串有序增长的数字，而此商品的卖家就模拟其他用户的 ID 去访问它商品的所在网页，并且成功骗过了日志系统的防作弊机制，使得没有浏览过这个商品的用户在自己的浏览记录里面发现了这个商品。那么，这个卖家为什么要做这样的事情呢？因为网站会在后台记录这个产品，并且误认为它是用户的喜好，并向用户推荐相关的产品。

在上面这个案例中，从问题出现到问题解决经过了一段时间，虽然没有造成重大损失，但也对部分用户的体验造成了影响。其实，这样的问题如果能够在出现之初就得到关注，并认真地去研究异常数据、寻找根源，就能够避免其带来的影响。

同样，还有一些数据容易被忽略掉。对于一些平台型电商或者自营电商的平台来说，成交额总是能够获得更多的关注，而对退货情况则关注得较少。在各家电商中，通常又都会对成交额定指标，每个运营类目的团队或者员工都会有成交额的KPI。在很多时候，考核成交额并没有太大的问题，但是就是有些公司去钻“重成交，轻退款”的漏洞。这种情况在各个公司中屡见不鲜，一些经营平台的员工会让平台的卖家“想方设法”去完成成交额，并许诺将活动资源的支持作为回报。所以，有些卖家就采取了“自己买进，然后退款”的手段把成交额提上去。这样一来，虽然员工得到了业绩，卖家得到了资源，但是公司却没有获得任何好处。其实，在这个过程中，只要关注类目或者商品的退款率，这些数据就能够被轻易地发现，盲点自然就会消失。

在逻辑盲点中，最大的盲点是将PC端数据和移动终端数据混着看。很多网站都会统计转化率的数据，即电商网站通常所看的购买用户除以浏览用户得出的数据，在单纯PC端的情况下，这个转化率大体可用，还是可以描述宏观经营状况的。但是，在移动终端进入后，这个数据就有问题了。移动终端成交的数据记录在了成交中，但是浏览的数据却没有计入到浏览中，所以就会导致转化率越来越高。如果忽略了这一点，就有可能漏过重要的商机。

数据除了物理盲点和逻辑盲点，甚至还有一些是人为制造的“盲点”。人为制造的盲点就是故意把数据进行掩盖，或者人为地调整数据的口径。在一些网站，定义独立访客（UV，Unique Vistor）的时候考虑更多的是自主UV，也就是说只有用户主动访问一个页面时才算数。但是，有些人为了自己的绩效，可能会做一些手脚，比如，在对外投放弹窗广告时也算用户主动访问；在页面加上嵌入模块，使得用户访问一个页面时有两条数据以增加UV的数据。这些情况通常比较隐蔽，甚至能够欺骗管理层。所以，管理层在听取数据汇报的时候，不仅要看数据的变化和趋势，也需要对数据的口径有一定的理解，最重要的是要问清楚定义是什么。如果涉及转化率，就要问清楚计算它的分子分母是什么，这才不至于掉入数据的盲点。幸好，现在商业的整体环境对数据都比较重视，我接触到的高管对数据也越来越关心，越来越多地使用数据做决策，也越来越重视数据的分析和挖掘对业务产生的价值。这样一来，数据的盲点也会越来越少，数据也会变得越来越有价值。

小偷思维

> 面对数据的盲点，正能量思考告诉你怎么做可以到达成功的终点，负能量思考则告诉你怎么做才不会失败。

数据的盲点有没有什么价值呢？让我们举一个生活中的例子。

“十一”黄金周时很多人都外出旅游，你的房子里7天都没有开灯。这样一项信息，对你而言没有任何用途，但对于小偷来说就是很好的机会。对于小偷来说，一间屋子3天不亮灯并不代表没人在家。小偷会一直观察环境有没有突然变化，会对零散的信息如噪音特别敏感，他将所有感官能力都提升到了警戒线。有些小偷之所以会成功，一个很大的原因在于他们会度量风险，也就是会使用“负能量思考”（Negative Thinking）看待问题。

人类是有惰性的，我们喜欢尽量把自己想要思考的东西变得简单。“坏人”却很愿意承认不可预见性的存在。就像我们常常判断一件事情是“好”或“不好”，而不是“未知”。举例来说，我参与了一场赌博，赌注为 200 元。在这一事件中，以我看来，赢就是“好”，输就是“不好”。但对于“坏人”来说,他们就一直在衡量一些“未知”的情况，比如，你去的赌场是不是黑店、警察会不会突然闯入没收赌资或者刚一开始你就输了 200 元。

“坏人”之所以会对“未知”的情况如此关注，是因为当“坏人”的风险实在是太高了。对于正常人来说，家里丢失了一件东西也许无关紧要，而对小偷来说，失败是要坐牢的，这就注定他要细心观察那些正常人所看不见的数据。想做小偷里的“成功人士”，首先想的肯定不是如何偷东西，而是偷完以后怎么不被人发现，小偷必须懂得利用蛛丝马迹来降低风险。

当失败的代价越大、风险越高时，人类自然有这种天生的动物般的敏感。也许你不知道自己已经在风口浪尖，但当你已经身处其中时，你一定会提高自己对风险的度量能力，不是吗？动物世界就有这样的现象，能力越小的动物，越具有优秀的聆听风险的能力，而猛兽们则没有。

也许你会问，对于我们这些不准备做“小偷”的人来说，负能量思考又有多大的意义？

我们会受到经历和经验的影响，如果自己真退化到很弱小的状态，就会像小动物一样能够聆听风险。**高风险能让一个人对不可预见性非常敏感，到那时，负能量思考和避免风险的能力就自然而然地出现了。**

所以，如果我们平时也懂得用这样的“思维”思考，我们就会避免很多错误。如果这时我们再站在“坏人”的角度去做负能量思考，觉得别人出错就是你的机会，很多人出错就是你的大机会，这甚至会产生一条很有价值的产业链。

在美国和澳大利亚，有种灯可以设置偶尔亮、定时亮和晚间亮，这说明它的研发者是一个典型的具有负能量思考能力的人。可见，我们身边的这些负能量思考，是可以产生巨大价值的。

再看看我们身边的商业环境，这样的负能量思考也很常见。奇虎 360 的周鸿祎就是具有这样思考能力的人。看他的轨迹，从 3721 到 360，他注意到了很多人的错误，观察到了很多人需要免费杀毒软件的需求。

当你希望能达成某个目标时，你必须用心去观察别人观察的事物，这样才会提升你的观察力。对一般人来说，都意识到了培养自己“正能量思考”（Positive Thinking）能力的重要性，也都意识到要用心观察成功人士是如何成功的。但同时也要注意，应该培养自己运用负能量思考的眼睛去观察别人是如何失败的。面对数据的盲点，**正能量思考告诉你怎么做可以到达成功的终点，而负能量思考则告诉你怎么做才不会失败。**

当对手的数据就摆在那里时，不看的人才是傻瓜，这并不涉及道德问题。偷看不是数据世界的本质，但观察别人怎么失败却可以实实在在地降低自己的成本。值得注意的是，获取数据情报在正常情况下很不容易。在这个时候，你得想着不能破坏公司的名誉，还要想着不能让别人来偷看自己的数据，更要把别人来“偷”数据的后门给关掉。

在上述过程中，我只是在“模仿小偷”。总的来说，一个“坏人”观察到的数据，正常人很难看得懂，但如果你学会用负能量思考的方式去观察，必然会对你有很大的提升。如果你想要训练到这样的程度，是一件很难的事情，毕竟你的心态是正常的，你不会去关注谁的包没有拉好，不是吗？

无意识地培养负能量思考，那叫乱想。如果你为了一个目的去规范训练的话，你就会成为一个很厉害的“小偷”；对于日常生活来说，叫作很厉害的“观察者”；而对于数据世界来说，你就是一个很厉害的“数据分析师”。

“小偷思维”让我们可以换个角度观察数据，而现实中我们可以用这种思考方式来度量数据盲点的价值。这两个内容看似分离，但是核心点是一样的：**有没有看到应该看到的数据，有没有错失不应该错失的数据。**

数据盲点的价值

> 是否看到数据盲点价值的核心是：有没有看到应该看到的数据，有没有错失不应该错失的数据。

先提一个假设性问题：200米以外忽然发生了爆炸，你如何通过大数据鉴别出是不是有人蓄意而为？如果是，如何快速地锁定嫌疑人？

通常情况下，我们可以主要分析两个数据：在爆炸之前，现场有没有出没一些形迹可疑的人；爆炸发生后，人群中有没有行为怪异的人。例如，一般爆炸发生后，大部分人都是朝着事故发生的方向走，以观察谁受伤或者单纯为凑热闹；如果这时有两个人是反向快速离开现场的，就可以算是怪异行为了。

有人也许会问，这和大数据有关系吗？当然有，而且还能引发我们思考另外一个问题：数据的盲点在哪里？

平时大家接触到的都是信息，而其中可以被量化的信息称为数据。所谓大数据时代，就是指可以记录和调用的数据变得越来越多。互联网和移动互联网就像两台巨大的超级传感器，把人、物、空间和时间等数据进行实时记录，让我们在时间和空间里都留下线索。

数据从太少到太多、从简单到复杂，并衍生出了无限的关联数据。面对海量数据，我们常常疑惑的是，这些数据究竟是不是足够了？是多了还是少了？回到前面提到的案例中，人们常常可以预见充满“正能量”的信息（现场围观群众的行为），但很容易漏掉充满

“负能量”的数据（把数据范围放大，你可以注意到急速离开现场的人）。**这里面的盲点指的是，我们观察数据的时候容易只将焦点放在正面数据上，而忽略掉负面数据。**

这种案例不胜枚举。以我的日常工作为例，在团队给高管们做报告的时候，我通常不看报告，而是主要记录高管们“什么时间点头”“什么时间针对性地做了笔记”“什么时间没怎么听在看手机”。你不要小看这三个数据，当与当时报告的内容对应（关联）起来时，我就能容易地知道在刚才做的报告中哪一部分是不吸引人的和哪一部分是需要改进的。尤其是高管看手机的时间，完全可以算是理论上的负能量数据，但对报告的改进其实非常有价值。

再比如说，公司每月有 10 亿元的交易量，虽然额度已经很大了，但你是否分析过，其实还有 2 亿元可能的交易量没有做成。为什么？因为有人看了不买。为什么不买？通过分析这些负面数据，其实很可能发掘出非常有价值的平台交易增长点。

还有一类盲点数据，常常发生在我们赖以依存的经验上。我的导师说过：“‘假定’这件事情，一般是所有误判的源头。‘假定’会让人盲目。”很多时候，人们在做一个决策时会依靠经验，但经验有可能是错的，这会导致“假定”的错误，继而影响执行的结果。如果今天你看到一张桌子，上面有很好吃的食物，但把手伸过去时却被烫到了。以后再看到类似的桌子，你恐怕都会因为这个之前的经验而不敢靠近。**显然，错误的经验会让你不断地犯错误。**

经验会成为盲点，还有一个重要的原因是你没有注意到环境变化的趋势。有时候，有经验反而会经历惨败，因为这件事情本身已经出现趋势的变动，但大家却未察觉。之前的经验关联到当下的决策，会变成你认为必然发生的经验，甚至是规律，但这个规律会骗人。股票市场中的教训已经太多了。

数据分析师经常会被一些企业邀请做趋势判断。比如，对两家公司的员工增减态势做分析。从表面上看，一家公司的员工比另一家少，但如果再看行业的背景，一个是“新创公司”，一个是有 10 年历史的公司。此时，再结合业态的发展趋势时，你就会对他们作出不同的判断。想要作出正确的判断，必须先抓住其发展的趋势。

古语有云：“无知最穷。”在大数据时代，那些自诩对大数据什么都懂的人，其实却面对无数盲点而不自知。他们浅薄地认为数据越多就越能解决问题，实则是无知的表现。

在海量的大数据面前，我们面对的最大盲点就是，衡量应该收集多少数据才算足够，即存；如何管理从未见过的如此多和广的数据，即管；如何使用它们实现更大的价值，即用。

为什么数据会骗人：常态、时态与变态

有一部讲述魔术的美国电影《致命魔术》，片头一开始就对观众发出了一句考问：“你真的看见了吗？”很多人以为自己看见了，但因为缺乏真正的观察，其实还是离真相很远。

什么是“观察”呢？观察就是在事物内部找到其相对性，而且是从共通性里面找出相对性。所以，当我们想要判断一个人讲述的事实是不是谎言时，就要基于以下两种情况进行判断：一种是要看，这个对你说话的人，是你人生当中第一次见而且见面频率很低；另外一种，则是在日常生活中，这个人你重复见过很多次。这对于判定一个人是否说谎具有不一样的意义。因为一个熟悉的人，判断其是不是说谎其实很容易，而一个你只见过一次面的人，判断其是否说谎，则要更难一些。因为此时你没有经验对比，只能通过短时间内的观察，这种相对性很难提取。

在此，我们首先要了解两个词语：“常态”和“时态”。在说“常态”之前，我们先了解一个概念“情态”——蕴藏在体内为“情”，表露在体外为“态”。情有七种，《礼记·礼运篇》中指出七情为：喜、怒、哀、惧、爱、恶、欲。欢喜、愤怒、哀伤、恐惧、爱慕、厌恶、欲望等，都是人们内心的情态。这七种情态在人体内无间断地扰攘，被人的边缘系统激发之后，会衍生出时态。有些人赌赢了，高兴到旁若无人的境地，其实就是边缘系统出了问

题。当他冷静下来也许会惊讶于刚才的表现："呀，刚才失态了，真丢人。"

我们在观察一个人的时候，最容易观察到他的时态。但如果要观察出一个人时态的差异，就必须了解这个人的常态。常态是什么呢？常态分为以下6种：弱、狂、哗、周旋、慵懒、媚。所谓弱态，是指言语轻细、动作温柔、包容性强，像小鸟依人一般；所谓狂态，则是指不修边幅、倔强好胜、言谈举止旁若无人，我们可以对比自己身边的朋友，就可以轻易判断出他的常态。狂态的人在被问及意见时，通常愿意主动地表达观点，并坚信自己是对的；弱态的人则不会表露太多意见，会给出模棱两可的意见。哗态的人，通常遇到事情会大手一挥："你们都别说，让我来说"；周旋态的人被问及选择时，说到A会说A很好，说到B会说B其实也不错；慵懒态则比较漫不经心，什么都不是很在乎；媚态则意指谄媚。

在人们的日常状态中，每个人并非单独属于一种态，而是经常混在一起。但这里有一则交友贴士，要远离弱而且媚的人，如果是狂而且媚的人，其实是非常厉害的人。

在我们日常做判断时，一定要先知道这个人的常态，然后他才有判断的依据。当你向一个常态是慵懒态的人汇报工作时，他忽然呈现出了正襟危坐的时态，你就可以试着判断，这次工作的内容也许特别重要。

要想区分谎言，要先区分常态和时态。而如何知晓一个人的常态呢？就要靠观察。所以我在之前提到，对熟悉的人更容易判断其是否说谎，因为了解其常态；而对刚见面的人则比较难做出相应的判断。

在我们的日常用语中，还有变态一词，其实就指的是由常态变为时态而衍生的异常肢体动作或是不理智行为。如果洞悉了这两态，其实就很容易观察出一个人"变"态时的起点和变化点。

另外，还有很重要的一点要观察。当一个人发生常态的改变时，你就要思考促使他改变的是什么环境和事件？比如，当一个人被警察抓到警察局时，这个人会恐惧，会暴躁不安，肢体动作会粗鲁，但这不能推导出其一定是恶人，因为环境的压力也应当考虑进去。但如果是一起爆炸案，在爆炸发生前后，是否有不符合常态的人出现在现场呢？案发前在现场是否有不正常停留的人？案发后当有人受伤倒地或围观人群过来救护时，有两个镇静的人行色匆匆拿着手机反方向离开现场，那么这两个人的犯罪嫌疑就很大，因为这就属于常态中的“变态”。

以人推“数”，当我们在观察数据时，要考虑以下几个问题：数据的常态和时态是什么？为什么数据会骗人？这些通过直观感受和仔细观察之后得出的结论也许会大相径庭。

BIG DATA

The Business Revolution

第二部分

阿里巴巴的大数据秘密

BIG DATA

The Business Revolution

数据化运营实践过程中的问题

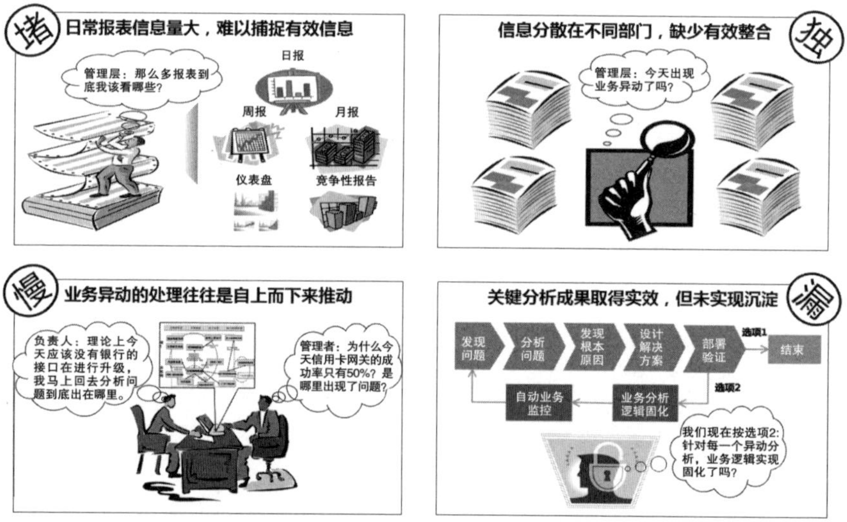

08

阿里巴巴的大数据实践

BIG DATA

The Business Revolution

按照我们通常的理解，一个人在注册某一网站的时候，性别登记只会是男性或女性，但不知你是否能想到，阿里巴巴竟然有 18 个性别标签。

在经过仔细调查后，我们发现了一些可以识别用户性别的方法。比如，某个登记用户早上的浏览行为更男性一些，晚上就会变得更女性化（也许是妻子在用）。真实的性别只有 0 与 1 的关系，而现实却是 0~1 的关系，或者 70% 是男性、30% 是女性。在每一个场景内，性别的变化都确有其原因，例如搜索、社交和广告等。静态的“真实”性别在 A/B 测试[①] 中的表现不如动态的虚拟性别有效，这恰恰证明了数据是需要运营的，绝不可以闭门造车。这样的例子在阿里巴巴不胜枚举。

① 即A/B Test，它是数据分析中的一种对比分析方法，可以将试验组和控制组的试验结果更加明确地展示出来。——编者注

谈到数据化运营，在公司内部我们是这样的流程：例如，我们要为一个童装类目做营销推广以征集新客户，我们会先找到目标客户群，会把对这个类目感兴趣的消费者用标签找出来，然后通过发邮件或者短信等方式来吸引他们的关注，这其实就是数据化运营，也就是用数据去帮助企业解决问题。最简单的解决办法是找出所有曾经看过但没有购买的客户群，又或者利用关联类目去扩大目标客群。

而数据从“用”上升到“养”，即运营数据，我们就会尝试在整个淘宝用户中查找。以针对 12 岁年龄之下儿童的商品为例，此时我们的做法就是在用户中搜索有多少用户家中有 12 岁以下的孩子，但却未发生过从这个类目购买商品的行为。你会发现，以前只能运营有过购买行为的几百万用户，现在我们的运营范围竟然可以达到几千万可能有 12 岁以下孩子的用户。从几百万到几千万，这就是运营数据，它是一个需要从主动收集数据到运营数据，再到产生新数据的过程。

在我的理解中，从数据化运营到运营数据是不断运行的循环。在这样的循环中，会容纳许多新的、不同维度的数据，这些数据经过在整个循环中的适应过程，然后再运用到数据化运营中，并且改变原有的运营方式，这个过程就是我认为的大数据落地的方法。

数据化运营的前提是假定数据是稳定的，并且以此来改变企业的运营。但以前的数据都是结构化数据，比如说，早期大部分企业都用财务数据来帮助企业运营，因为财务数据经过多年的积淀，相对来说较为稳定。而自从非结构性数据或者半结构性数据产生以后，数据化运营的难度就变大了。比如，音频是一种典型的非结构化数据，你很难把音频变成结构化数据，有了这样的数据以后，用数据来指导企业运营，面临的技术难度远远大于以往。

我们做数据化运营，其前提是假定数据是稳定的；而运营数据，则是假定数据都是可以获取的，而且是不稳定的（见图 8-1）。

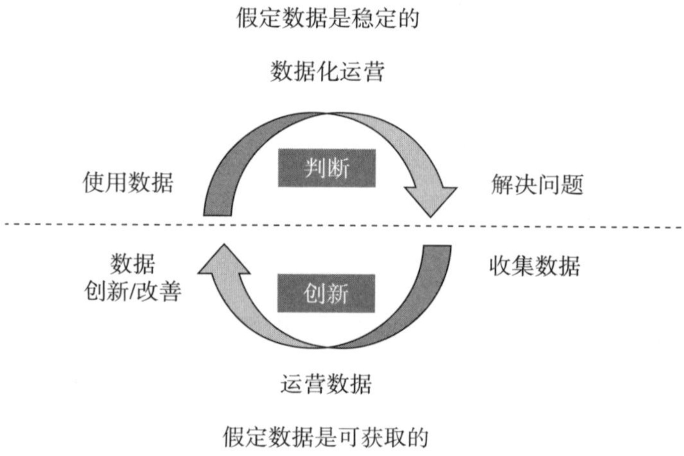

图 8-1　数据化运营和运营数据的闭环系统

这又如何理解呢？所谓稳定，比如说关键词 ROI，这项数据听起来很稳定，但反映的却是短线利益。**数据化运营需要和商业咬合得非常紧密，所以数据也是混合在商业里，以假定稳定的方法去做业务上的对比和细分及趋势预估的。**

这并不是说稳定是对的，而是因为企业对数据运营的分析是需要假设很多稳定因素的。

假定数据是稳定的

> 假定数据是稳定的，也意味着我们习惯于不去寻找一些新数据。

在这里，我们用点击率为例。数据运营人员可能会觉得这项数据我们一直在使用，能有什么特别的呢？但在我眼里，点击率是变化的。我的问题是，当用户点击到详情页时，又有多少用户连第二屏都不会拉下去看？如果这项比例很高，那么就意味着点击率本身就有很多水分。

所以说，在数据化运营里，我们往往假定数据稳定不变，因为在我们的认知中，“我只是数据的使用者，我假定数据是稳定的就可以了”，这是普遍心理。那么，为什么我要去关注数据稳不稳定？而且，假定数据稳定，也意味着我们习惯于不去寻找一些新数据。

我的钥匙不见了，一般的做法是去那些我可能丢东西的地方找。同理，在运用数据的时候若出了问题，我们也会是一样的心理，不会去思考除惯性思维之外的其他可能性，而且这些地方无法解决问题时，我们就会不解。这是数据化运营中很常见的一条死路。

于是，到了养数据，也就是运营数据的阶段时，我们的做法就必须改变了。此时，当我们要想静态的性别时，就要问自己：“会不会不好用？是否需要改善？”

从企业的角度来讲，数据化运营一般是自上而下的——管理者强调 KPI 指标，员工们按照目标进行分解。所以，数据化运营是计划性的，但凡计划性的一定都是稳定且结构化的。

运营数据却是自下而上的，经过了无数的错误和实验，慢慢地向上追溯。就像阿里巴巴有 18 个性别这件事情，这 18 个性别不是管理层凭空想象出来的，而是将众人发现的性别经过交叉比对，分析到底在什么场景下更适合。可见，这样的结果是试出来的。

在我们的日常工作中，你很少会发现负责业务的管理者说："我要收集这项数据，它很有用。"这样的场景一般不会出现。我有过这样的经历，是因为我是数据部门的管理者，我这么做的原因，是在跟其他公司的人讨论时产生了这样的想法，而我也会在我回到公司后提出"我们也试试这个数据"的意见。比如，前面提到的那个亚马逊根据 IP 地址观察用户附近 10 公里内有没有书店的例子，同样的运营数据的方法我就在淘宝尝试过。

我想说的是，如果没有了运营数据的这个部分，收集来的数据就绝对不是大数据。

假定数据是可获取的

"用数据拿数据"的方法可以将数据化运营和运营数据打通。

从假定数据可以获取的角度来思考问题，是数据化运营里很重要的一个方法，这与"如何利用数据来拿到更多数据"的问题并不一样。今天，我已经知道了你的一些数据了，但是并不多，此时我就要想办法用我知道的东西来拿到你更多的数据，这在数据化思考里叫作"有意识地用数据拿数据"（Data Get Data）。

现在，最常见的一种"数据拿数据"的方法就是 A/B 测试。原理是，我本来知道你对某种东西很感兴趣，今天我给你做一个测试，本来是 A 页面，我给你一个 B 页面，然后看看你有什么样的反应（有点像功夫里的假动作）。其实，B 页面拿到的数据肯定是基于 A 页面拿到的数据的。

比如，你经常会走过一条路，而今天在你走过这条路时，我安排了一个美女从这里走过，然后测试一下你的路径有没有变化以及你有没有停下来。正常来说，以前收集到的数据会告诉我你在路过的时候是不作停留的。而今天你停了下来，那我就得到了“美女的出现可以让你停下来”的数据。这时候，美女就是我抛出来的一个问题，即用问题来获得更多数据，这就是在用一部分数据拿更多的数据时采用得最常见的方法。

将数据化运营和运营数据打通，有可能会创造出一些意想不到的创新。

我们在大数据环境里运营数据时，有可能走不通的原因是，现在的数据已经庞大到需要管理才能到创新的数据化运营。这个循环能否成型，往往需要很长时间的努力。

互联网金融就是一个近些年比较新颖的例子，现在也有很多前沿公司在做类似的事情。这么做的原因是，公司发现用户的资金链是评估其经济状况的一个有用信息，而收集到的这些数据应用在信用评估上时，可以更动态地决定用户的信用额度，以降低借出方的风险。

比如，某个金融网站拥有关于整个公司流水的数据，大概知道用户的资金流水——原来还有 30% 的订单在处理，还有不少订单在路上，而有些则是押在了一些担保交易上，所以这个用户不是没钱，而是钱押在了供应链的各个环节上。万一用户不还钱，网站也有能力卡住用户的资金流，这使得网站有能力降低自己遭受坏账的风险。

其实，阿里巴巴在从数据化运营到运营数据的循环系统中，能做到现在的成绩，跟管理层更相信数据、更愿意付出以及更愿意投资有很大的关系。此循环系统的关键在于管理层如何应对数据价值的断层，这对整个循环能否走下去的影响非常大，而阿里巴巴应对这个循环的内功，我认为答案在于“混、通、晒”。

先不要一头雾水，“混、通、晒”简单来说，应该是我们数据分析师的“内三板斧”，我会在第 9 章进行详细的介绍。

先开枪，后瞄准

前几年，有一个关于淘宝的非常普遍的论调甚嚣尘上：淘宝正在经历着野蛮生长。

什么是野蛮生长？这个概念现在常常被我们提及，但事实上，野蛮生长应该是在资源有限的情况下才成立的，在资源丰盛的时候，或许就不存在野蛮生长的概念了。现今的淘宝，已经是一个有钱有资源的“富二代”，实际上已经不存在什么野蛮生长的前提了。

在我看来，马云是一个非常懂得利用“野蛮生长”的领导者。在一次会议中，有位同事讲解了一个提案，但是在同事说的同时，马云一直在摇头。会后，马云说：“我给你3个目标，你用一年时间去执行这件事情。”这才叫野蛮生长，因为这3个目标就是在资源有限的情况下进行的。为什么马云一直摇头，不相信这件事情能做成，却依然让这位同事去尝试呢？后来，马云提起当初他想做阿里巴巴时，也被很多人否定了。所以，即使这个同事的提案看起来成功的可能性很低，他还是要让其去尝试，因为不试怎么会知道结果呢。

对啊，不试怎么知道呢？但“试”也是有方法的。

我经常听到很多淘宝卖家说：“先开枪，后瞄准。”我常常思忖，这句话在逻辑上怎么能讲得通呢？正常的逻辑应该是“先瞄准，后开枪”啊。后来我知道了，其实这句话是有前提的，那就是：**当你没有数据的时候，**

如何在探索之中寻找到有参考价值的数据，并且最后发现目标，作出决策。所谓开枪，就是在一堆海量数据里盲选，而瞄准则是在海量数据里盲选出出有价值的数据。这样，“先开枪，后瞄准”才是有价值的。

将这一观点进行延伸，有关开枪和瞄准的顺序问题，就像现实中，很多人容易把目标和目的混为一谈。**目的和目标区别在于：“目的”是要到达的终点；而“目标”则是衡量到达终点的价值标准。**

用一句话来总结野蛮生长就是：“是，但不是；不是，但是。”

这句话又怎么理解呢？我们用“是，但不是”举一个例子。我们常常会这么评价一个人，“他是一个好人，他也是一个坏人。他是好人是因为他在外面对朋友很好；他是坏人，是因为对自己的家人很坏。”再说“不是，但是”，比如说某个人创业失败了，但是不是完全失败了呢，这其中还是有很多数据价值的。

比如，我很欣赏 NALA 的刘勇明，他原本是一个学海洋学的科学家，懂得如何探索和观察。后来做了商家，对用数据解决问题这一领域并不是很得心应手。他很重视客服，最擅长的做法是通过客服来观测数据，通过最前端来决定后端，这就是探索。我很赞赏他说的“发现交易量急速上涨的时候，就要停掉广告”。这句话体现了他作为一名科学家的思维逻辑：**当交易量急速上涨时，对订单的处理能力就会下降，所以减少广告可以很好地控制局势。**

“先开枪，后瞄准”的说法对于创业公司来说是正确的做法。对于创业公司来说，管理者不需要把眼光放得过于长远。如果从短期目标出发，在不断的观察之中发现问题，并且解决问题，很可能会更容易获得成功，而事实上很多人的成功就是这样造就的。

09

混、通、晒，阿里巴巴数据化运营的内三板斧

BIG DATA

The Business Revolution

当谈到阿里巴巴的数据化运营时，我首先想到的就是“人”，我们大多数时间都在讨论我们应该要做什么，却很少会反过来想如果要让数据化运营落地首先要从“人”做起。所以在这里想跟大家分享的秘密是，数据化运营的内功是什么呢？简单来说，就是利用好“混、通、晒”这三板斧。

混，“混”出数据

> 只有具备商业敏感的数据分析师，才会懂得使用什么数据来驱动公司实现经营目标。数据部的人要和业务部的人经常“混”在一起。

现在的很多数据分析师，当面对专业范围内“怎么算回归”“怎么画函数”的问题时，他们常常游刃有余，但在实际工作中却往往缺乏商业意识。**如果数据分析师缺乏商业意识，那么公司就成了“盲人”——分析师不知道该使用怎样的逻辑去分析数据，而公司的**

决策层也得不到任何有价值的参考意见。

现在绝大多数CEO都在抱怨，每天都要看一大堆零零散散的数据。造成这种局面的原因就是，数据分析师们只是单纯地把数据传递给了管理者，却没有向管理者解释这些呈现用户行为的数据和能够在商业上产生价值的数据之间的内在关系。

CEO是没有多余精力来解读页面浏览量（PV）和独立访客（UV）等数据的。他们只需要知道数据是否有问题、反映了什么问题、最近有什么新的发现以及需要我们作出什么样的改变。

简单来说，具有商业意识的数据分析师，在监测到网站上婴儿车销量增加的情况时，基本就可以预测到奶粉的销量也会随之上升。而且，也只有具备商业敏感的数据分析师，才会懂得用什么数据来驱动公司实现经营目标。

数据分析师要怎么才能拥有商业敏感呢？我觉得就要靠“混”。

什么是“混”？我先举一个例子，比如，我以前公司的CEO就跟我说：“你每周要跟管理业务的负责人吃两顿饭，最起码两顿，这就是你的KPI。”我认为，这就是“混”。作为数据分析师，如果不和业务部混在一起，又怎么会知道业务部在做什么。**商业敏感是要靠“混”出来的，它并不会凭空出现在你的面前。**从更深层次来说，数据部的人要和业务部的人经常混在一起，比如参加业务部的周会、业务规划讨论会、头脑风暴等，或者去业务部定期轮岗、互通周报邮件，一起喝茶、吃饭等。现在在公司里，我最不希望看到数据分析师长时间地坐在自己的位置上埋头苦干，我更愿意看到他们和业务人员“混”成一片。

比如，我让数据分析师们在发给我的周报里，一定要讲到业务方的动态。而且，我给他们的考评标准是，千万不要让我看见业务方发过来的周报里面有的内容，而你的周报里没有。我认为，要实现这一要求最基础的出发点是，数据分析师一定要跟业务方沟通，才有可能服务于他们。

通，打“通”“混”的数据

> “通”是“混、通、晒”里最关键的连接点。知道带着业务问题来看数据或者带着数据来看业务，这就是做到了“通”。

当你与业务人员“混”得足够熟时，在看到某些数据后，你自然就会明白：“哦，这个数据跟商业决策绝对有着莫大的关系。”

当前，各电商公司在评估公司经营状况时越来越依赖数据。但是，在今天，很少有电商敢完全肯定地说，自己掌握了体现公司状况较完整的数据。对于公司主管来说，一是因为很多电商在开始收集数据时，会发现数据非常散乱，分布在不同的数据收集渠道和运营人员——公司的核心人群手里，这就使得数据流非常“堵”；另一个问题是，绝大多数电商缺乏大数据运营的经验，只是收集了很“散”的数据，却不知道如何利用，也不知道让哪些数据关联起来。

从客观角度来看，数据运营的方方面面都可能存在影响数据精准度的“噪音”。数据本身是客观的，但它很容易受到产品和运营人员的影响——产品目的的导向会影响运营人员的想法，而运营人员的想法则会影响样本获取的精准度，这就造成了数据在不同人眼中出现不同结果的情形。以转化率为例，市场部门和运营部门对于“转化率”的想法是不同的，如果公司内部的数据标准没有“打通”一致，公司决策时被数据迷惑和误导的可能性就会被放大。

因此你会发现，问题最后还是要归结到“人”和“公司”上来。如果不能“通”到商业环境里，即使数据很多也没有任何价值。坚持带着业务问题来观察数据或者带着数据来观察业务，兼备二者的敏感，就是做到了“通”。有些人在很短的时间里就能判断出数据是否有价值，就是因为“混通”了。

值得注意的是，“通”有两个场景。比如说，现在有一个商业场景和一堆数据，这两者产生关系时，就是商业模式和数据彼此的“通”，我们可以称它为“数据中间层”，简单来说，它就是能够敏感反映商业变化的数据群（Smart Data Set）。

另外一种更深入的“通”，就是存在于公司组织中的数据。譬如，有一个商业问题，但是需要数据 A 和 B、C、D 互通，才能解决。举例说明，今天的退款非常多，我会去做的第一件事情可能是去察看营销部门的数据，我看到今天 UV 猛增，所以退款才特别多，这是可能合理的。但是，我从客服数据中发现一些退款是少量的卖家产生出来的，那就另当别论了，因为这说明这个商业场景也有可能是作弊，此时就需要对营销、客服和风控等多组数据综合起来进行解释。**所以，把数据打通，一种是商业理解和数据之间的“通”，另一种就是部门数据和部门数据的交叉。**

现实中的“不通”，也有两种：一种是从人的角度来说的，比如说人在思考上的“不通”；另一种则是从公司的角度来说的，比如在架构上的“不通”。这两者角度不同，造成的损失也会有差别。大部分的公司都会出现“不通”的情况，比如，部门与部门的隔离打乱了整个流程的连贯性，财务部门对产品、市场和运营等的不敏感，可能会把数据打散，这样一来，商业活动就根本没有办法继续进行。

想做到数据的积累和沉淀，想要打通数据，建立合理的系统是不二之选。首先，做好数据安全工作，以保证公司内部不同职位的员工可以察看不同的数据；然后，统一不同部门的数据标准，使公司内部数据有统一的接口，避免混乱；最后，关联不同部门的数据，创造机会让数据的运营可以扩散至数据部门之外。

“通”是“混、通、晒”里最关键的连接点。以前，数据量没这么大的时候，公司“混”完就“晒”了，完全凭借商业敏感去运营数据。而现在海量数据成为主流，“通”也就成为了运营数据不可或缺的一部分。

晒，“晒”出“混”和“通”的数据

> 数据能不能做到在获取、使用、分享、协同、连接、组合之上让自己变得超级简单和便捷，这是数据化运营里面非常重要的一点，也正是“晒”的内容。

“晒”是一种在“混”和“通”的基础上产生出的最终的数据表现，是基于人、商业和数据结合后的一种看数据和用数据的方法论。

在“晒”数据层面上，通常是通过数据来回答这几个问题：业务好还是不好？数据如何改变可以让业务更好？如何利用数据帮助业务发现机会，甚至产生出新的商业价值？这些问题看起来是递进关系，其实不然，**因为具体应该用数据解决什么问题，要根据业务的场景来决定。**每一个问题都有不同的回答方法，接下来具体讨论一下这些方法。

数据需要有框架可依：数据如何来证明业务好还是不好

这个问题用更专业的语言来说，就是如何搭建数据的框架，并通过数据框架来解答业务水平的好坏。**所谓的框架就是，对一个业务进行指标化的分解，并通过有限多个指标来客观描述业务的状况。**指标化的分解是为了能够快速地定位到问题。

举例来说，每个人一生中都可能因为感冒去医院看病，很多医生一般都会先让病人验血，再从化验单里判断是病毒感染，还是细菌感染，或者其他感染因素，然后根据化验单的指标来对症下药。而数据框架的作用正是如此。

再比如，某电商网站今天的成交额提升了30%，那么这是不是一个值得高兴的数据呢？我们无法直接给出答案，此时，就应该让数据告诉我们，假如是因为投放了外部广告，才使得成交额提升，那么，这就是一个客观的描述，我们要做的不是看成交额的高低，而是应该评价广告效果的好坏。

在电子商务领域，评价业务水平通常有两套指标。**一套是常用的计算成交额的方法，即流量 × 转化率 × 客单价 = 成交额，它能够评价一个类目、一个商品的健康度。另外一套指标在商品大促的**

时候使用居多，即预热期加入购物车的商品数 × 商品单价 × 经验转化率 × 经验成交额占比 = 大促成交额，因为经验转化率和经验成交额占比通常是两个固定的数据，所以只要看看购物车有多少商品及其价值，基本上就能算出来大概会有多少成交额了。这就是数据框架的作用，它使我们分清楚了业务的状况。

但是，业务水平的好坏需要进行不断比较，单独一个数字是没有意义的，比如 180 这个数据，从表面上看，没有任何意义，但是如果有比较，这个数据就有了意义。如果是身高 180 厘米的男性，那就算是高个子，因为中国人的平均身高可能只有 170 厘米；如果是汽车时速 180 公里，那就是危险速度，因为高速公路的限速是时速 120 公里，它已经属于超速 50%，是危险驾驶。

推及业务上，业务需要进行比较才能判断好坏，而比较的前提就是要不断地去寻找比较对象，拿电商的大促活动来说，至少需要进行三个参照组的比较才能区分业务水平的好坏，分别是：这次大促对比平时的涨幅，这次大促和上次同等规模大促的涨幅，这次大促同比涨幅对比上次大促同比涨幅。经过这些比较，才能客观地评价大促的效果到底好不好，如果没有选对参照系，那很有可能得出错误的结论。而要选择正确的参考系，就需要分析师具有很强的商业敏感，而这种商业敏感就来自“混”和“通”。

除了搭建数据框架之外，好的展现形式也必不可少，最典型的就是图和表。但是，现实中很多人不知道图和表到底该用在什么地方，现在就介绍几个小诀窍。如果业务场景是要查找精确的数据时，用图，就错了；如果业务场景要观察变化趋势却用了表，那也错了。一个好的分析师，不论是设计数据产品还是做图表都需要有很好的“晒”的意识，而且还要让“晒”出去的数据能够吸引到更多人的注意。

数据如何改变可以让业务更好

这一过程就是通过数据发现问题，并解决问题。就如之前说到的化验单的例子一样，通过数据的分析找出问题的症结，并进行有针对性的优化，这样的例子在阿里巴巴几乎是天天都在发生，以下就是一个相关的例子。

BIG DATA

数据分析实例

淘宝有一个“二手闲置”业务，它与淘宝主站笔记本类目有一个合作项目——以旧换新。用户在二手闲置频道“甩旧”（卖出二手商品）后，就可以获得在笔记本类目以优惠价“买新”的资格，而且在“甩旧+买新”两步骤都完成后，还可以获得数百元的集分宝。从项目描述来看，整个交易原理并不复杂。

那么，在项目上线后，整个市场反馈如何，用户买账吗？根据淘宝后台的数据显示，整个活动的流量漏斗效应非常严重。大量参与活动的用户中，最后成功“以旧换新”的寥寥无几，整体转化率非常低。那么，问题出在哪里呢？事实上，这还是要从数据切入查找原因。

- “估价”到“售旧”环节用户流失率最高；
- 在流量来源监控中，其中一个渠道的转化率几乎为 0；
- 手机及平板的回收转化率明显高于笔记本用户；
- 在已成功回收的商品中，宏碁、联想、三星等品牌占比最高；
- 在成功购新的商品中，价位以 3 000~4 000 元为主；

- 在来访用户中，男性居多。

通过以上数据反映出的问题，我们作出4个方面的改进。

- “以旧换新”整体步骤过多，漏斗效应非常明显——需要首先在“估价”到“售旧”中优化并简化流程；
- 尽管“以旧换新”给活动带来了不少流量，但这些流量几乎无后续转化——流量来源需要调整；
- 用户对品牌属性、价格高低是有偏好的——橱窗展示商品的品牌和价格也可优化；
- 来访用户中男性居多，细化分析后发现年轻男性（20~25岁）和轻熟男（25~30岁）为主要群体——广告定投。

基于上面的数据和发现，后续的数据落地动作也就清晰起来，具体做法有如下3个方面。

- 流程以简单化为原则，对用户流失严重的环节进行较大调整；
- 流量精准度：“以旧换新”项目二期流量投放上选择以年轻男性和轻熟男为主的流量源，放弃有流量无转化的渠道；
- 商品选择：将联想、宏碁等品牌放在较明显的位置；推荐商品价位下调（由原来的7 000元以上下调至3 000~4 000元或4 000元以上为主）。

经过这样的调整后，淘宝“以旧换新”二期活动的效果明显，整体转化率提升了6倍左右。

如何利用数据帮助业务发现机会

利用数据帮助业务发现机会就涉及具体数据在业务场景中的应用了，这里最核心的价值点就是使数据变成人人都要用，而且是人人都必须用。我曾经提出过一个理念，即“人人都是数据分析师”，也就是说让公司的业务人员都能够通过数据去做决策，让数据来驱动业务，以实现真正的数据化运营。比如，有一个团购网站就做得非常好。这个网站的运营领导和一线运营主管都有非常好的数据意识，他们和数据分析师“混”和“通”了之后，非常清楚地知道数据能够解决什么问题，并和数据分析师一起对网站的主要流程进行了剖析，最终得出了以下 5 个观点。

1. 网站流量和页面有限，必须个性化；
2. 商品的进入是公司成败的关键，必须选对商品；
3. 销售过程中可能会出现断货的情况，必须有销量预测；
4. 价格是竞争的核心，必须关注竞争对手；
5. 服务是核心，必须关注发货速度和用户投诉。

定位了这些问题之后，就开始着手进行解决，对于个性化、选品和销量预测等问题，数据分析师迅速跟进，并进行数据模型建设；对于价格和服务问题，他们建立了专门的预警系统进行观测。这样一来，数据运营得非常好，对业务的提升也起到了很大的作用。

用数据如何创造出新的商业价值

为了说明此问题，我在这里举一个阿里金融的例子。阿里有一句话，叫作“让信用变成财富”，阿里金融也正是这样的。阿里金融的核心就是通过数据来计算客户的信用水平，并通过信用来对客户进行授信，让客户能够方便快捷地获得所需要的资金。基于这种信用模式，越来越多的相关产品被开发出来。**其核心就是通过业务和数据的结合，将数据“晒”出来，从而形成一种竞争力。**

“晒”是产生力量的过程，以上是数据化运营中的“晒”，同样适用于企业内部。对数据分析师来说，说服别人才是“晒”。如果从产品场景来讲，就需要说服产品经理把某个东西放在产品里面，这就是数据工具体验上的一大难题了。公司架构上没问题了，但是数据工具不便于使用，用户体验自然就不令用户满意了。

所以，数据能不能做到在获取、使用、分享、协同、连接、组合之上让自己变得超级简单和便捷，这是数据化运营里面非常重要的一点，也正是“晒”的内容。数据分析师一定要让数据变得简单，只有这样才不会出现前面所说的——收集数据的不知道怎么用，用数据的不知道数据是怎么来的。也正是因为数据很复杂，假如数据分析师无法将之变得简单，管理和运营的工作人员自然会产生困惑，也就不可能真正做到“通”和“晒”。

阿里巴巴的“混、通、晒”三板斧其实是配合了数据方法论与人的修练，能做到借事修人，让用数据的人在数据中成长，循序渐进地让每个人都成为数据分析师。

思考，要学会关窗口

我一直觉得，每个人每天的思考能力和池中的水一样是有限的。人和人不一样，有些人可能思考能力强一些，就可以有更多的思考；有些人思考能力弱一些，则只能有很少的思考。但不论思考能力强弱，每思考一次都会让自己一天的思考池中的水流减少，从而降低自己的思考和决策能力。

有这种想法的不仅仅是我一个人。我曾经在《哈佛商业评论》网站博客中看到过一篇文章，很有意思，题目好像叫作“Boring is Productivity”，中文直译过来就是“乏味，是一种生产力”。文章里面提到了一个案例，有人问美国总统奥巴马：“为什么每天你穿的都是一样的衣服？”而奥巴马的答案是：“因为这样可以减少我穿什么衣服的思考时间，我就可以将更多的时间留下来做更有价值的决策了。”这样的例子在文章中可以找到不少，其核心意思就是每天我的思考能力是有限的，如果我要做更加有意义的思考，就不要把有限的思考资源浪费在不能产生价值的思考上面。

这一观点，套用社会上一个比较时髦的词语来说，就是思考也要注意“节能环保”，我们要保护的是自己有限的思考资源。对于如何做到节能环保的方法，我自己使用的是“关窗口”的方法。我们每一个用电脑的人都明白，如果在电脑中打开过多窗口的话，会有两个可能的影响：一个是使电脑的负担增大，电脑的运行速度变慢；另一个是即便电脑的性能足够强大而不至于让窗口影响它的运算速度，但我们的大脑也无法同时处理多个信息。我们能做的就是把多余的“窗口”关掉，认真地去考虑一件我们认为非常重要的事情。

“关窗口”在计算机世界中很容易执行，但在现实生活中却很有难度，尤其是在动态的工作过程中。为什么我会觉得困难？因为我觉得在我们思考的过程中，永远不可能只有一件事情可以做，对于管理者来说尤其如此：不断被其他人影响，不断被即时聊天工具的弹出窗口打断，不断被电子邮件提醒去做事……这一切都会让我们的思考过程中断。所以，才会有不少时间管理方面的学者建议，每天处理很多事情的“忙人”可以在一个固定的时间段里去处理电子邮件，以提高办事效率。

但是，一旦到了动态的过程中，典型的状态就是在一场谈话或者一场会议中，那就不像不查收电子邮件和不开即时聊天工具那么简单了。谈话的过程是动态的，而且这个过程可能不会严格按照会议主题的规定来进行，而会被各种细枝末节的小问题和各种情绪所干扰，最终导致可能浪费了不少时间，却没有收到应有的效果。对于这样动态的谈话过程，我自己的做法是永远只开一扇“窗”。这个意思是说，在我的谈话过程中，我的大脑中始终会有几个问题被放在首位，这几个问题不会随着谈话的进程而随意改变，这些问题包括：我这次要解决的是什么问题？对方（包括客户、同事等）要的是什么？现在提出的方案解决了这个问题吗？在只开一扇“窗”的前提下，如果会议中出现了不符合主题的内容，我一般不会过多参与，或者有意识地去结束这些与会议无关的话题。

但在之前，我参加一些电商的会议时总是会被一些细节所干扰，即便最终提出了建议和解决方案，也可能不是真正的解决方案。比如，在会议之前，我可能想通过解决产品的问题来提高转化率，不过一些问题一旦被放到会议中讨论，就可能会受到各种因素的影响——管理者可能会说是产品的问题，而产品部门总是有数据来说明他们自己的产品没有问题，实质是运营能力有问题，而运营部门又会拿出种种数据来说明运营的动作是有效的，是吸引到的用户有问题。结果往往是会议离主题越来越远，如果再碰到一个不是特别善于演讲和辩论的市场部负责人的话，问题的矛头最终可能会指向市场部，市场部就会背起这个“黑锅”。至于到底是什么问题引发了转化率低，其实谁也不知道。

这个时候，对我们干扰最大的就是数据，每一份数据一定都是经过了精心准备的，看起来在逻辑上又是非常严密的，对于那些快速思考的人来说，就非常容易获得认同。所以，此时对我来讲，就一定不要被各种其他因素干扰，而在每一个细节上的过度争论都会减少我对最终核心问题的判断精力。

我在心里时刻会告诉自己，我的精力是有限的，不要把时间浪费在不值得的地方。这又是一句说起来很容易，但是做起来非常难的事情，比如说，在开会的时候，并不是每个人都是决策者，他们一定会从自己的角度出发，一定会提出各种观点，此时我会做的事情就是闭上眼睛，好好地想一想，我们到底要解决的是什么问题，我应该用什么逻辑来解决，在抛开一切杂念获得验证的思路之后，再来看细节问题决策就会显得非常简单了。其实，用逻辑来思考的问题或者发现的问题，就是一个本质问题。

10

存、管、用，阿里巴巴运营数据的外三板斧

BIG DATA

The Business Revolution

2011年，阿里巴巴开始从数据化运营向运营数据发展，并形成了一个良性循环——从数据化运营的内三板斧“混、通、晒”走到了运营数据的外三板斧“存、管、用”。

存，数据收集的开始

> 收集数据不是目的，让收集起来的数据如何产生价值才是最终的目的。

“存、管、用”从存开始，第一件事情就是把数据收回来、集中起来、存起来。为什么要收集数据？因为在以往的数据化运营里产生了一些问题，虽然我们解决了一些，但还有一些问题并没有得到解决。当谈到如何更好地解决这些问题时，我们想到了运用数据可能是有效的，所以在这个场景里面，我们开始收集数据、管理数据和使用数据。

以电子商务的数据收集为例。比如母婴类目，我们可以通过填写宝宝的年龄或者购买的特定品类（不同段数的奶粉、不同型号的尿不湿和不同尺码的衣服）等来推算出宝宝最新的一个年龄阶段；在汽车类目上，我们可以通过客户购买的机油、滤清器等型号来推算出客户是否有汽车以及车型；甚至是衣服也可以用来作为数据收集使用的场景，比如从一个用户购买衣服的历史尺码来观察用户是否有身材上的变化。关于数据收集，前文已有较多篇幅的介绍，这里不再赘述。

所以，就数据的收集而言，最重要的不是看我们收集了什么数据，而是要思考这些数据如何使用以及收集这些数据到底能够起到什么样的作用。用一句话来说就是，**收集数据不是目的，收集起来的数据如何产生价值才是最终的目标**。不过，如何收集在未来具有价值的数据的确是一个难题，当中就需要一些经验的判断了。

管，保护好存储数据

> 学会用数据产品来解决获取及使用数据的问题。

数据存储下来之后，数量和广度都很大，就需要对之进行完善的管理。数据管理的内容包括很多方面，比如，数据的来源、如何让数据不丢失、如何保护数据的安全、如何让数据准确和稳定以及如何更好地运用数据，这些都是数据运营中的“管”。但是，“管”并没有一个标准可循。在我和一些投资人以及国外互联网公司的数据专家们的交流中，他们都认同我的一个观点：大数据管理到底要怎么做？答案就是“没有准确答案”。

其实，对于数据的管理，整个大数据行业和其他行业一样都经历过很多起起落落。比如，IT 技术刚兴起时，各公司对 IT 系统和 OA 系统的追随十分盲目，最后却没有产生期望内的回报。到后来，信息化管理开始兴起，管理信息系统（MIS）开始被很多企业推崇，不管规模大小，企业都开始使用 ERP 和 MRP 系统，结果，仍然没有达到预期。就数据而言，在互联网公司，2004 年左右，美国的一些数据管理经验在国内造成了很大的轰动，很多公司纷纷建立 BI 团队，但是到了 2009 年左右，各公司又开始不完全认同 BI 数据部门，这也是事实。

但也正是在那个时候，国内顶尖互联网公司的数据化运营开始启动。**阿里巴巴的数据管理最不一样的地方在于，它非常依赖数据产品，希望用数据产品来解决获取及使用数据的问题。**

当时，我们犯了一个很久之后才发觉的错误。那就是，我们的做法跟一些美国公司的想法一致，即“不管怎么样，我们先收集数据，将来肯定有用”。我认为，在我职业生涯的这些年，最值得反思的就是这句话。因为没有一家公司可以让你无止境地收集数据，然后再使用，这根本是不现实的。

而这就是“不做决定的代价”。因为，在这个世界上，有一些决定是我们一定要做的。从运营数据的角度来说，如果我们只收集数据而不做分析和应用的话，代价就是很沉重的存储成本。

无须多言，这种数据存储成本的代价是巨大的。即便是一家富有的公司，即便是它的机器比较多，但也只能短时间地延续这种损失。

即使是阿里巴巴这样的公司到最后也会发现，这样做是不行的。因为不管你有多少机器，这些数据都在呈指数式增长，当提到怎么备份时，问题就出来了。

你肯定会问，在这种情况下如何备份？此时，你就要决定，什么东西需要先备份，什么东西可以先放在“冷库”里。“冷库”的意思是一些成本比较低的服务器，但是放在“冷库”中的数据不能随时使用，需要调出来才可以使用。

针对这种情况，有人说，我们仅把3年前的数据都放进去，够吗？答案是：仍然太多了。有人说，那我们可以把一年半以前的数据都放进去吧？我说“不行”，因为用数据观察业务发展趋势的分析师一般都要看3年的数据，所以这种做法也不现实。

在面对“决定放什么数据进‘冷库’”和“决定什么数据在紧急情况下一定要保护”的问题时，你就会发现以前我们所讲的观点“数据先收集起来，将来再使用”，完全是一个伪命题。以前，从来没有人对这个伪命题表示过异议，无论是银行，还是其他金融机构，甚至以前的互联网公司。而当大数据出来后，这个观点成了一个借口、一个伪命题。

是的，这是一个很难下的决定，但这就是你必须要做的决定。如果，你在以后的某天发现你需要的数据，没有得到提前保存的话，那就只能错失这一发展机会了。事实上，这是企业的博弈。

你可能会问，一家企业并不需要从事所有的商业，为什么所有的数据都要收集呢？事实就是这样，这是数据人在管理上的不负责任，平心而论，这个责任也非常难承担。

大公司们正在数据管理这条路上学习，而当前我们面临着很多以往不曾预见的问题。比如，我们是应该在各个部门里运作，还是集中管理数据？我们是应该在数据安全的前提下更开放，让更多人找到数据的价值，还是应该更封闭，让泄露数据的可能性更小？另外，个人隐私怎么去保护？我们怎么才能成为一家负责任的数据管理公司？这些都是代表性的难题。

现在，大型的互联网公司通常都同时拥有成百上千种在开发的项目，它们都在直接或间接地改变着数据。在这种情况下，又如何保障数据安全？事实上，数据的源头已经“脏”了，而下游使用数据的人还不知道，同时，源头的数据使用者也没有责任告诉下游这些数据已经“脏”了。

所以，我的观点是，如果你数据使用得不好，这对你本来的发展影响也不会很大。但是如果你数据使用得好，而且将它作为公司的核心竞争力，那么你的麻烦就大了。因为你的数据源本来就来自各个地方，而每一个来源没有责任要告诉你，今天从它那儿来的数据是正常的和可靠的。特别是大数据出现后，数据的精准与否更加重要。因为，大数据在很多情况下，是利用外部数据来帮助内部数据进行调整的，如果你的内部数据都难以保证“干净”的话，那么外部数据同样无法保证“干净”。

数据管理，是大数据行业的“脏活”“苦活”“累活”，是最悲催和最难解决的事情。如果没有这些背景作铺垫，我对很多公司在做所谓的大数据的运营就持有怀疑态度了。所以，我觉得很多所谓的“大数据专家”都是作家，而非真正的数据人。

用，从收集数据到管理数据

> 在“用”数据的问题上，数据的分裂和重组，都能做到颠覆性创新。

到底应该如何应用数据，才能用来解决当今公司中存在的一些问题？在“存、管、用”的过程中，如果使用时产生问题，我们会询问是决策的问题还是执行的问题；如果是决策错了，我会责问相关人员是否明确了收集回来的数据的作用，以及有没有保管好这些数据，如果不知道，那就是一个偏差；如果不是数据结合过程中出错，那就是数据源本身出了问题，就要对数据的源头“存”数据更加严格。这时候你会发现，“存、管、用”是一个反复验证的过程。

在“存”数据上，我看到的问题是，很多人往往只看到数据的表象，比如，根据有过购买行为的用户来做数据收集，而大部分在“冰山”之下的数据就放任不管了。收集数据的维度是多种多样的。如果什么数据都可以获取，如果中国每家医院的数据库都是开放和可合作的话，那么这个数据既庞大又准确。

在“用”数据的问题上，数据的分裂和重组，都能做到颠覆性创新。用户的生理性别是决策的重要依据，而现在可以从购物属性上变成“早男晚女”，这种改变并不违背运营数据的原则，因为这是购物属性，这个创意来自“本来不可以分裂的东西分裂了，本不应该重组的东西产生了新的力量”的理念。比如，你只知道用户的地址，然后根据安居客知道他房子的租金，再加上一些外部信息的补充，如10公里内有没有银行和电影院，有没有大型购物中心，然后就可以在数据世界中重现他的财富圈和生活圈。而当这个地址是办公室时，那就可以得出他办公生活区和日常生活这两个生活圈。

从使用数据的角度来说，电商行业就有很多值得其他行业借鉴的地方，可以让数据能够真正地使用起来，并且产生实际的商业价值。先来看看现在电商的背景，不论是以阿里为代表的平台型电商，还是以京东为代表的自营型电商，或者以1号店为代表的垂直类电商，它们的一个共同特点就是商品品类非常丰富，商品数量动辄就是百万千万级，而平台类型电商的商品数量可能更多。

对于消费者来说，进入一个电商网站的首页并不需要看到那么多的商品，如果消费者有明确的购物诉求，那么，可能会直接进入电商网站的搜索引擎开始寻找商品；如果没有明确的诉求则可能是在电商网站提供的类目和活动等区域随意寻找。这个时候问题就来了，页面内容是有限的，消费者的时间是有限的，消费者的需求是有偏好的，但是商品量非常大，电商的目标又是为了能够通过闲逛让消费者产生成交额，那么，如何找到合适的商品放在首页就成了问题的关键。

面对这样的问题，我给出的解决方案是通过一套数据中间层，来生成用户在特定市场的个性化标签。电商企业不同类目运营的员工通过算法或者人工选品来实现用户标签和商品的匹配，从而实现用户“逛”的效率最优，进而提高用户的购买转化率。

第一步，建立用户的标签

建立标签，简单地说就是通过数据的分析来对用户的偏好进行描述，建立标签通常有以下 3 种方法。

1. 通过业务规则结合数据分析来建立标签。这一类型的标签和业务人员的经验紧密结合，这里可以举几个例子，以对这类标签的设置有更加直观的感觉。

比如，业务人员可以判断出购买某一个具体车型的人可能就拥有这款车，此时，就可以通过数据进行分类，把用户分为大众高尔夫车主和福特福克斯车主等，这个时候，当用户进入汽车配件类目时，就可以直接为用户推荐相应的汽车配件，直到用户有明确的行为去搜索别的汽车用品时，再进行数据调整。再比如，有些用户平时很少网购，但一到大型节日前就会大量购买商品，这一类用户通常都是企业的采购人员，这时候就可以在礼品等类目进行企业礼品的相关推荐，甚至直接推荐该网站的储值卡。还有，对于中老年人的识别，可以通过用户经常使用的地址和包裹的寄送地址来进行区别，比如，经常在某地给一个固定地方寄送包裹的，那么结合购买的商品就可以认为包裹的接收人可能是老人，就可以给用户贴上一个“家有老人”的标签，在相应衣服类目中就会出现中老年服饰。

2. 通过模型来建立标签。比如在婚庆类目上的特定行为，当然，特定行为是通过数据模型识别出来的，此时我们就可以认为其是一个即将结婚的用户，这样可以结合时间来给用户打上婚庆标签，也可以持续观察这一类用户，在未来可能会打上家装的标签和母婴的标签等。结合用户的手机充值和收货地址等行为，可以用模型计算出该用户是自己购买，还是作为一个网购的中心者为他人购买，如果能判断经常为他人购买，则可以打上类似于“网购影响力中心”这样的标签，可以在不同类目的场景中运用。

3. 通过模型的组合来生成新的标签。任何一个模型都是有生命周期的，或者说企业内部不同的建模人员可能对同一用户会作出不同的判断，所以，我们需要对模型不断地进行整合。通常情况下，可以采用模型投票的方法来从多个模型中抽象出合适的标签。比如，在三个模型中，两个模型认为宝宝是 3~6 个月，一个认为宝宝是 12 个月以上，那通过模型的整合，应该可以确定宝宝为 3~6 个月。

第二步，标签的应用

标签的应用是指在电商网站的首页或者是具体的类目频道页，进行标签的使用。**标签的使用，最核心的就是数据中间层和前台业务层的对接，并且能够让运营人员非常方便地进行商品的设置。**这里涉及两个核心点：一是中间层和业务层的对接，二是中间层的易用性。下面分别就这两个内容来做一些探讨。

1. 中间层和业务层的对接。目前，对接是在互联网广告中非常热的概念，典型的应用之一就是 DMP（Data Management Platform，数据管理平台）。在这个系统中，用户以标签化的形式存在，也就是之前给用户打好的标签有了一个管理的平台，终端使用者可以在这个系统中进行用户选择，选择完成之后就会产生一个投放计划。DMP 还会和前台业务平台进行打通，简单地说就是，用户登录首页之后，系统就会认出用户身上的标签，就可以根据 DMP 中设置的计划来产出不一样的内容。

2. 中间层的易用性。对于终端用户来说，选择标签需要足够简单，并且能够非常清楚地知道这个标签具体代表的含义是什么。对于数据从业者来说，让数据变得超级简单是一个非常重要的使命，所以界面的设计和后台的管理等内容都非常重要，否则可能会失去标签系统的价值。

对于大数据来说，“用”是让数据发挥价值的最大一步，在这里我也只是举了一个数据应用的简单例子——标签系统。这个例子是数据和运营数据紧密结合的一个案例，也是数据运营或者数据驱动的一个典型案例。只有先结合大数据的技术将数据化运营做好，才能让数据从成本转化成利润，才能真正发挥出大数据的价值。

用化骨绵掌解决本质问题

绝大多数人都可能习惯了在现象层面思考问题，因为这时不需要花太多的力气思考。事实上，我们的逻辑思考是一个慵懒的系统，那么，如何找到本质才是解决问题的关键。

一方面，要找到本质问题，就需要我们在思考时排除过多的东西，使我们能够更好地集中精力去解决重要的问题；另一方面，我们要有方法去发现本质问题。

能够透过现象看本质是一个非常重要的方法，对这个方法最简单的描述就是：**不断地用逻辑方法将问题进行分解，直到不能分解为止，然后从根本处去解决这个问题。**

我们还是以电商行业举例，来说明如何从现象出发找到本质。绝大部分的电商，其实传统行业也是一样，关注的都是成交额——利润来源于此。但如果仅仅问一个问题——如何来提高成交额，就非常难以回答了。所以，必须把这个问题分解了来回答。

通常情况下，在电商行业，我们会把成交额拆分成几个指标——日均 UV、浏览转化率（UV 到达商品详情页面的转化率）、购买转化率（到达商品详情页面的用户到购买商品的页面）、笔单价（平均每一笔的金额）、人均笔数这 5 个指标。不过，值得注意的是，这些指标都是平均值的指标。从诊断大盘健康程度的角度来说，这些指标是可以使用的，但是如果要用来分析更为细节的业务或者应用于别的公司，就要注意数据的陷阱了，盲目套用很有可能会造成巨大的损失。

在指标分解完成后，我们就可以用这些指标来分析公司的业务了，我们把这些数字进行了图形化（见图 10-1）。

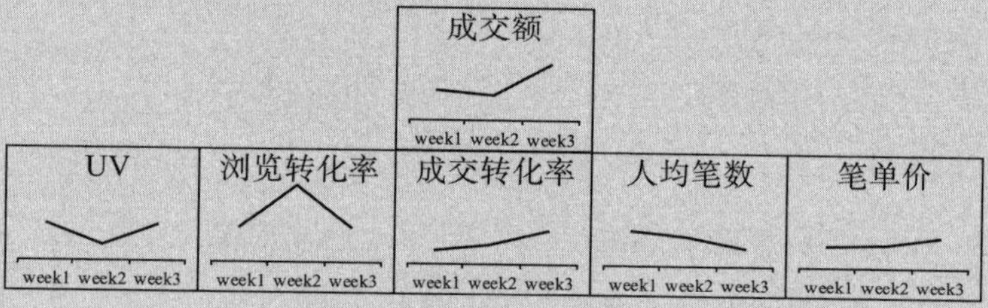

图 10-1　5 大分解指标对电商 A 第 1~3 周业务的影响

这是不是更直观地指出了问题所在？最近一周成交额上涨的原因是在于笔单价的上涨。我们再来看看图 10-2，这会让问题更直观，能够使我们更清晰地看到问题所在。

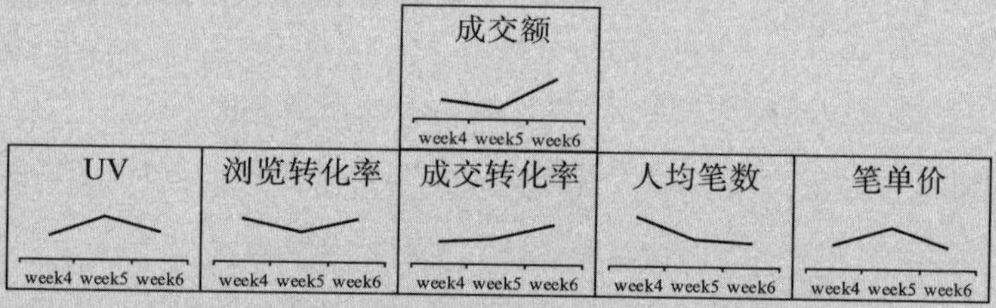

图 10-2　5 大分解指标对电商 A 第 4~6 周业务的影响

图 10-2 从总体交易额的角度看起来趋势差不多，但是当我们更深入地去分析原因时，发现前两个指标出现了截然不同的走势。如果我们不进行深入的分析，只是不断地去猜测到底是什么因素导致自己的销售额下降，那这可能也就只能做到猜测的层面，对企业的发展毫无实际价值。

在分析问题本质的时候，有一个很好的方法可以用，叫作 MECE（Mutually Exclusive Collectively Exhaustive），意思是彼此独立、完全穷尽。这是一个麦肯锡方法，这个方法很像图 10-1 和图 10-2 这两个对销售额分析的分解图，只有在解决问题的时候要做到彼此独立且完全穷尽，这样才能够找到问题最深层次的本质原因，才能够就这个原因找到合适的解决方案。以上关于销售额的两幅图其实在不同的业务场景下还可以进一步地细分，比如 UV 还能够分成广告和非广告或者首次和非首次等。

总的来说，当我们遇到一个问题之后，一定要问自己这到底是现象还是本质，如果是现象那就一定要找到本质。被表面现象迷惑是很多人都会犯的错误，而所谓的成功，就是少犯错误，就是早一点从本质出发去思考问题。

BIG DATA

11

大数据，未来商业的利器

The Business Revolution

今天，我们正处于决策成本产生巨变的爆发点，过去那些想尽办法都无法获取的数据，在今天唾手可得；而当有些表面上完全不相关的行业数据关联起来时，居然产生了新的商业价值。更重要的是，过去，我们更多地是带着问题去寻找能够验证自己观点的数据，而今天我们却可以使用数据去预测可能出现的问题。海量数据可以使人的智慧得到更大的发挥，并变得更加规模化。大数据的本质是人，数据研究的极点就是莫测的人性。我们一旦掌控了数据之后的数据，就会拥有制胜未来商业的无敌利器。

假定数据是脏的

> 在处理数据的时候，会像污水处理厂一样，每一步都问自己要如何处理这些污水。这种情况的出现，到底是因为数据源脏了，还是因为数据提炼过程做得不好？

美国有一家初创公司，专注于与地理位置相关的数据收集、整理和查询服务。它将地理位置的相关指标，按照酒店和旅馆等属性划分为不同细类，对外提供基于位置信息的实时查询，为包括美国最大点评网 Yelp 在内的多个知名应用提供底层数据服务。

这家公司最令人印象深刻的是，它对于所收集来的数据会提供一个数据质量评分，以反映数据的可信度和质量水平。它会对这些数据的源头以及对处理数据阶段所用的算法进行评分。也就是说，这家公司在提炼数据的每一个阶段都进行了数据化管理。

这家公司的做法让我们看到了一个趋势，也是一个非常重要的趋势。因为它首先已经接受了数据源肯定是脏的和数据源一定会被污染的事实。所以，它在处理数据的时候，会像污水处理厂一样，每一步都问自己要如何处理这些污水。这种情况的出现，到底是因为数据源脏了，还是因为数据提炼过程做得不好？这个过程我们一定要区分，而且这样的区分是可取的。这家公司是假定数据是“脏”的来做数据管理，而不是假定数据是稳定的。**假定数据是“脏”的来处理数据，在大数据时代将是一个非常重要的趋势。**

事实上，我们今天在处理的大数据，依然只是冰山一角，而更大的数据都隐藏在我们的语言中，比如我们说的话和写的字。所以，将来我们要准确地从互动中抓取数据，也一定要依赖对自然语言的处理。现在，美国的很多数据研究人员都在瞄准非结构性数据，即语言处理这一领域。

学会慢慢淡化数据

> 数据是有优先值的，在数据中有些是特别核心的，有些即使缺失了也没有多大问题。所以，我们要学会真正坐下来盘点那些对公司最有价值、对用户最有价值的数据。

想要确定数据的优先值，就要先解决以下几个问题。一是数据的标准化。在大数据时代，我们需要一个标准化的东西供我们进行交流。二是我们到底如何对接和交换数据，如何在交换的时候保持数据的稳定性。比如自然语言，比如在无线和 PC 不同场景下受到的影响，这些情况都会滋生出许多新问题。

第三个重要的问题是数据的存储，这将涉及数据的时效性这一问题。有人曾经提出过一个很有价值的观点，即现实中，网站最大的场景变化就是网站改版。因为重新设计网站，本身就影响数据，比如公司的详情页和首页，任何改变都在影响数据。如果在 1~3 年后，你才说得出数据的这一改变是由于促销、用户行为或是改版引起的，那这一数据就已经没有任何价值了，这就是数据的时效性。

所以，美国出现了一个概念叫数据淡化（Data Decay），意思很明显，数据会慢慢淡化。我们要更清楚地认识到，数据是有优先值的，在数据中有些是特别核心的，有些即使缺失了也没有多大问题。**我们要学会真正坐下来盘点那些对公司最有价值、对用户最有价值的数据，这是一个非常重要的趋势。**

数据的标签化管理

> 数据的属性标签是人类经验判断的数据，是数据后的数据。

数据的属性标签是人类经验判断的数据，是数据后的数据。例如，当你要为一件物品打上标签时，其实就已经动用了你的经验数据分析，并进行了归纳总结，结合当下的环境给出了判断。如果没有考虑环境的影响及准确性的评估，这种经验加上直觉的判断是不稳定且又难以解释的。但从数据收集的角度去看，数据的属性标签又是一个潜力极大的数据。

在数据属性的管理上，对于用户来说，每个人身上贴的标签都是多种多样的，但是对于企业来说，如何将这些标签归一，如何用一个点去将之串联，又如何把这些点连起来去描述这个用户，这才是核心问题。

比如，你要去应聘一家公司，A 公司对你的评价是“很可靠”，B 公司对你的评价是“不可靠”，而 C 公司准备雇用你，然后 C 公司看到了 A 公司和 B 公司给你贴的两个标签：“可靠”和“不可靠”，它就会困惑。

这样的问题常常发生，那么，我们要怎么去做标签的管理呢？

首先，我们要明确的是，“可靠”这个概念是没有标准化意义的，除非在定义标签之前，我们就界定清楚了“可靠”的标准。否则，“可靠”的标准是准时还钱、说话算数，还是他向来都很守时，我们就无从得知了。**如果这些标准是“可靠”，就给予了我们一种可以还原数据的能力。**所以，在属性管理中，假如属性是“×”，那么我们一定要定义清楚什么是“×”，在没有清楚定义的情况下，这个数据的属性毫无价值，而且将来你依然不知道怎么使用这一数据。

标签在经过观察之后加进平台和直接加进去是不一样的。在电商平台中，就有一些标签是在观察后加进去的，如果由卖家自由地加标签进去，必然会造成混乱。所以，标签的属性管理，在运营数据中非常重要。

标签化管理，是一个非常重要的趋势。电商企业今天面对的一些问题在美国的电商企业中同样存在，可见，我们发现的问题，别人也在面对，不过这些问题并不需要现在就去解决。

属性管理的层级化十分有必要，但是在使用数据前，必须要了解数据的场景、数据是如何放进去的和数据的场景是什么。在这一切未知之前，就说数据如何好用的话，是不可能的。所以，现在企业运营数据的趋势是，我们应该找出一些属性进行归类，然后再慢慢地考虑如何提炼，这对于未来非常重要。

重要的是数据和数据之间的关系，而不是数据本身

> 大数据价值的实现，在于数据与数据的连接。

谷歌做了一件非常惊人的事情：它能在不明白某个网页语言的情况下，知道其内容是什么。试想一下，如果你懂俄语，看出俄语网页里在讲什么当然很简单。但是，如果你仅仅通过看字词的排列和网站的分类，就知道网页的内容，这是不是很令人惊叹?

这就是知识图谱，它是一个无穷无尽的世界。事实上，知识图谱并不是数据，而是数据和数据之间的关系。但这里有一个非常大的弊端，就是数据的储藏量非常大、储存的方法也很复杂，且稍微

改变一点点关系的定义，整体就会产生巨大的变化。

比如，有一个知识图谱在说电商平台用户之间的关系，那数据信息就非常庞大了。试想一下，今天电商平台里有多少个用户跟你有关系？假如说有25个人，那么25个人的关系就演变成了25×25条关系。这时候，我再问你“什么是关系”“见过就算关系，还是一起买过东西叫关系”的问题就具备了一定的难度。

关系建立的维度是无限大的，而且定义稍微改变一下，整个存储和整个数据库都会发生变化。所以，知识图谱的把控是有难度的。举个贴近我们生活的例子，比如，银行很早之前就给你开办了信用卡，决定银行这一决策的不是你的个人关系而是总关系。银行决定是否贷款给你，是要看你爱人做什么职业以及你家中其他人的经济情况如何。当这种种关系关联起来时，就会产生一个极为重要的知识图谱。

以往我们谈大数据时候的本钱，莫过于“我有这种数据，你没有”。在未来，数据和数据之间的关系才是重中之重，而不是单纯的数据本身。

数据的实时化与实时性分层

> 我们千万不要把所有的能力都用来处理实时化的问题，因为我们依然会有大量的数据需要在恰当的时机处理，有的数据是重要的，但并不紧急。

以上讲到的很多内容都是关于数据收集和管理层面的，而在数据的处理上，我在LinkedIn上看到了一个很有趣且有价值的做法。

LinkedIn 在处理数据时，会把公司的数据服务分为几层，一方面是紧迫度，另一方面是重要不重要。比如，它会把数据分为“快数据紧急”“快数据不紧急”“慢数据重要”等级别。

我觉得对数据实时性分层的做法是合理的，而有人觉得数据的实时化处理是趋势，但是我持有一定的怀疑态度。Real Time 是“实时”，是“恰当的时机”。但在我看来，**数据处理不一定要实时**。比如，我们常见的情况是，每家公司都有财务的相关数据，这类数据的处理都是“T+1”，意思是你想要的数据在第二天才可以拿到。因为在其他数据没有到位的情况下，数据实时化的价值也不大。

但是，换个场景来看，银行若要判断某个人的信用卡是否被盗用，那么肯定要对之进行实时化处理。数据的实时化，让我们从商业的角度去认知数据，值得注意的是，在具备了实时化的数据处理能力后，很多以前不能解决的场景开始变得能够解决。在未来的某一天，编码的工程师能够在编码时直接写上“如果一个三天前只浏览未购买的客户回来了，我要不要给他一个两元钱的红包”。这个程序是完全编好的，用户登录本身就成了一个实时标签，快速的运算会让每个网站都具备最强的时效性。

我们再换一个角度来思考，如今手机、电视、游戏机和 PC 等多屏运作的时代下，作为一个网站，有多大的能力在非常快速的情况下，让自身在非常小的时间点里抓住消费者，卖出产品，这种实时的能力会在未来的商业中变得越来越重要。

一个网站必须要让自己的实时能力更高，甚至用户接下来的每一步你都应该猜到，但我们千万不要把所有的能力都用在处理实时化上，因为依然会有大量的数据需要在恰当的时机处理，有的数据是重要的，但并不紧急。

未来是人机的结合体

人和机器的结合，或者人和数据的结合将是未来的一种进步模式，人类将通过数据变得更加智能。

很多人会问，大数据目前发展到什么阶段了？我的答案是：水分太多的阶段。但毋庸置疑，大数据已经极大地影响了我们的社会，但还远远没有达到它的爆发点。因为有了大数据，人的经验开始和数据结合，两者相互激活，让人的智慧得到了规模化地放大，这也使得整个社会开始伴随着数据的发展产生巨大的改变。但是，在大数据的使用上，未来的发展空间注定会比现在取得的成绩更加宏大，“数据化运营”和“运营数据”这个数据与人之间的闭环系统也会越来越完善，人机结合仍然有巨大的空间让我们去挖掘。

未来，数据的种类将超出我们的想象。以前的数据更多集中在外部行为的监控上，不论是网络购买行为，还是网上社交行为，都是用户在“远距离”提供数据，即便这样，我们仍然还没有运用好这些数据。随着可穿戴式设备的出现，数据和人将真正融为一体，类似谷歌眼镜这样的设备，将让我们看到的东西即时数据化；类似健康手环类设备和可以深度收集脑电波数据的设备，将随时会使我们人体的活动转化成数据。目前，记录睡眠状况只是其初步的应用，在不远的未来，用数据记录我们每一秒钟的生活也将成为可能。

当万物皆数据的时刻到来时，商业发展的更多新机会将会出现，数据将会帮助我们更好地作出判断，比如，什么时候最适合吃饭、什么时候身体疲惫适合睡觉和什么时候记忆力最好等，这些都能通过数据来进行预判。甚至于，当记录了人的足够数据之后，数据就可能告诉我们此时此刻应该做些什么及最佳的策略。也许在那时，决定人是否聪明的指标，已经不是IQ，而是是否拥有足够优质的数据。**人和机器的结合，或者人和数据的结合将是未来的一种进步模式，人类将通过数据变得更加智能。**

我想用两句话来总结我对数据的期待：

当下，我们要学会人机分工，让人做人最擅长的事情，让机器做机器最擅长的事情。

未来，我们要相信人机结合，人机的界线已经模糊，无人驾驶汽车已经变成可能。未来人类的身上流动着的是血液以及数据。

忽略了趋势，过去的价值一文不值

我们通常都认为，经验应该是越多越好。一个有经验的人总是更能够在很多事情上做出正确的判断，因为积累使然。但事实上，我们发现，有时候经验越多，似乎越容易让人犯一些低级错误。这就好像，你会发觉往往天天研究彩票和股票的人总是发不了大财，而往往是一个菜鸟莫名其妙地就中了大奖和买了一只牛股。

为什么经验有时会使人犯低级错误呢？在这里，我们应该将其分成两种情况来看待：**一种是信息不对称；另一种则是逻辑错误。**

当我们讨论信息的不对称时，首先要讲的就是经验。经验是对过去的度量，但不是所有经验信息的质量都很好。在经验的数据库里，肯定有一些信息是正确的，有一些是错误的。当经验中混有很多噪音干扰时，我们会跟随错误的经验做出判断，此时，我们就会发现自己变笨了。

比如，在使用没有评估过的经验时，你用A方案获得了成功，用B方案却失败了，而且在评估的过程中也不是单纯的0或1，而是用0~1的范围来度量的。说到这个，就要提到数据分析师了。一般而言，数据分析师对于信息是很有洁癖的，也就是在对于经验的累积上，他们对质量把控得十分严格，如对于数据信息的排序、分析可靠的信息源进行多次使用、了解信息的出处和知道信息的提供者等。根据这些，数据分析师在它们的辅助下作出了决定。这意味着，你所有的信息来源都需要有正确的途径和渠道，不然，这个决策也会出现偏差。

除此之外，还有一个因素导致经验使人变笨，那就是在分析时忽略了趋势，这个道理可以用赛马的故事来举证。

在香港，你经常会发现拿着一大堆材料的人会分析马匹的数据。比如，有人会根据一匹马进行1 200米跑的时间，来计算它未来可能跑完全程所需要的时间。但我们发现，还是有很多人因算错导致赌马失败。为什么呢？因为历史数据和我们今天面对的情况中出现了一些假象。香港大多数赌马的人，他们最终收集到的数据都是受到影响的，而不是经过清洗的，当然是不准确的。每一个赌马的人都在看过去的数据——马会会给每一个赌马者提供前三场赛马的数据，大家只会关注这个结果，而不会去关注赛马当天发生了什么。如果是我，则会去回看录像，就可能发现其他的情况。比如，如果这匹马本来想发力，但前面有马匹挡住了它，它才被扣除了两秒钟；或者骑师扬鞭，鞭子掉了，扣除5秒钟；再或者有些马发脾气偏离跑道，也要扣除秒数。当排除所有意外算出的时间，就是干净的、没有影响因素的真正经验了。这时候，我们得到的第1~3名的数据和最终比赛结束公布出来的第1~3名的数据就会不一样。

除此之外，还要观察有关赛马成长的趋势问题。事实上，在每一场赛马里都会出现很多意外，如果这些意外都不出现，也会直接导致结果的不同。因为每匹马幼年状态和成年状态是完全不同的，因此它的数据价值评估也是不一样的。一匹马3～4岁等同于我们人类18～25岁，体能上会出现非常大的变化；又或者，年幼的马匹对于骑士的体重非常敏感，多0.5～1千克就会有非常大的影响，但长到5岁后，负重对其的影响则会慢慢降低，这就是硬趋势。即便有很多过往经验的数据都不能很好地匹配今天你要做的事情时，意味着经验需要将数据进行清洗——把当天的影响因素都找出来，并还原，这时候得到的数据才是正确的经验。

结论就是，经验使人变笨的原因在于你之前的经验本身就存在误差，即数据源本身就存在问题，而这种误差一般人看不出来。**因此，在过去的经验积累本身就有问题的情况下，根据经验得出的结论自然会使人犯低级错误。**

永远不要假定这个世界是真空的，所以你还需要多多观察频繁出现的新数据。当有新的数据出现时，以往的经验就需要重新做评估了。

BIG DATA

The Business Revolution

第三部分

没有数据，就没有未来

BIG DATA

The Business Revolution

2016六大趋势

1. 应用无线化
2. 信息数据化
3. 交易无纸化
4. 人类智能化
5. 决策实时化
6. 线下线上化

BIG DATA

12

大数据驱动行业大变革

The Business Revolution

从小到大，我有一个“怪癖”，喜欢用一切工具希望能实现未卜先知,这或许是我爱上数据的原因。我的生活可说“无数据不欢”，一看见数据就会联想各种可能性，若把我形容为“数据极客”也不为过。所以在这里,我很想与大家分享我所看见的大数据,希望把看似复杂的大数据变成轻松的话题。

大数据带给零售业大想象

从前，零售业的生命线是供应链；随着全渠道的兴起，访客、顾客、用户的数据更需要联动起来，未来的机会来自供需链的结合。而大数据在其中的角色就是连接，帮助商户做到想客户所想，甚至想客户所未想。

人脸识别，第一时间知道你是谁

从事数据科学工作的人，必须对新科技有很大的想象能力，才能把数据世界与现实世界关联起来。

国内一家智能硬件公司告诉我，他们已经具备比海关更精准的人脸识别技术，能在客户一进门的时候就进行人脸识别，从而知道他到底是熟客还是新客。由此，我联想到在美国出差时，去了一家卖保健品的零售店，售货员居然跟我说："我能要你的电话吗？如果你给我你的电话号码，我就给你打九折。"我跟她说我是国外来的，要了我的电话也没有用。店员说："无所谓，只要你给我电话号码，我就给你折扣。"

这两件事看起来好像没什么联系，但恰好说明了零售业的痛苦。现在每天这么多人进出零售店，只有一小部分熟客是你的店员会认得的，而你对大多数顾客的识别都是空白的。现在这种识别人脸新技术，就可以让我们更准确地知道这个顾客到底是谁，这对零售业是相当重要的。

试想一下，如果能成功应用人脸识别技术，当顾客一走进店，我就知道这个人上次看了什么而没买或最后买了什么。有了这些历史数据，我就能知道顾客喜欢什么、想要什么价位的东西。

凭行为数据找差异

有了以上判断之后，店员就不用再像以前那般，每次都无聊地对顾客说："先生，我能帮你吗？"而是可以直接跟顾客说："最近有几款新商品我想你可能会喜欢，你要不要看看？"这会大大影响今天门店服务顾客的方式。

那么，我们能不能凭顾客今天到你店里的行为，来发现客户今天的行为和过去行为的差异，以此判断我们到底如何更好地服务客户呢？这往往是具备了数据能力的电子商贸在做的事情，但未来线下也是非常有可能去做的。我们可以想象一个奇妙的画面：

> 你是一个每天上班前都需要一杯咖啡的人。有一天你拿着手机，定位信息告诉星巴克，你正走向他们的店。而当你一踏进星巴克，店员就已经准备好一杯拿铁咖啡在等你。当然也有可能今天你不想喝拿铁咖啡，想要一杯不一样的饮品，这时星巴克早已知道，并向你作了推荐。

这种本领在过去的零售业是很难想象的，如果数据能应用到这个地步，那就是零售业梦寐以求的境界了。

未来，鞋子会提醒你换鞋

在一次关于物联网（IOT）的讨论会中，12 位来自各大企业的高管和专家聚在一起，讨论 IOT 对零售业的影响。他们预计，未来的销售机会将来自你家中的传感器。将来有一天，商品本身成了传感器，商品从工厂到批发、到零售，最后到用户手中，可以想象，整个流程中的情况就一目了然了。如果能够实现这一点，接下来会如何？

耐克移动及网络设计前总监认为，未来世界中产品本身会比消费者更加清楚什么时候需要更换。比如，汽车轮胎比消费者更加清楚“什么时候需要更换轮胎”，鞋子比穿鞋的人更知道什么时候需要“换一双新鞋”。别以为这是天方夜谭。其实目前零售业之中，已经浮现一些非常清晰并很可能受到消费者喜爱的应用。比如，亚马逊做了一个叫作“Dash”的塑料实体按钮,它可以贴在或者挂在物品上。客户可以通过网络，一键再次订购商品。但这个创意目前仍有缺陷，因为它仍然需要消费者按下按钮触发购买行为。

想客户所想，想客户所未想

比这更创新的是能够“未卜先知”地省去客户行动，自动为客户补充日常必需品，这样能够省去客户的任何行动。当洗衣液快用完的时候，供应商早就为你准备好补充品了。如果能够实现这一点，不仅将改变用户的体验，还可能会改变分销网络的形态。不过，零售商们虽然对远期的图像很清楚，但对近期如何启动并迈出第一步，仍然在探索当中。

回到现实中，美国零售联合会调研报告发现，零售商们普遍意识到要获得业务的长期增长，只有深化与消费者的关系，并为他们带来无缝的购物体验。实体店、网站、移动端必须要紧密结合。大约 50% 的零售商有能力提供在线查询实体店的商品库存，但只有 15% 的零售商能够让客户根据实体店的库存情况来优化商品摆设及推荐。同时，多渠道发货和退货也在增长中，77% 的商户允许客户在店内购买，并将商品运送到家中，而只有 22% 的商户能够提供线上购物、线下提货的服务。

因此，跟传统思维不一样的是，每当收集数据或识别数据的新科技出现之时，传统行业也可能因此增添无数的创新。

互联网与现实的结合是未来的必然趋势，从前，零售业的生命线是供应链；随着全渠道的兴起，访客、顾客、用户的数据更需要联动起来，未来的机会来自供需链的结合。而大数据在其中的角色就是连接，帮助商户做到想客户所想，甚至想客户所未想。

金融创新迎合新世代

> 科技已到达一个奇点，移动设备更便捷、社交沟通无处不达、分享经济让人人都可参与、人多好办事的众包众筹，这一切我们都有目共睹。

最近，有一份有关千禧一代和金融未来的报告引起了广泛关注。这份报告分析了出生于 1980—2000 年间，占据美国 1/3 人口的千禧一代的消费习惯。

这份报告显示，1/2 的千禧人认为他们的银行提供的产品和竞争者并无不同；2/3 的千禧人表示宁愿去看牙医也不愿听银行工作人员的唠叨。他们大多认为，未来 5 年，人们支付和管理财富的方式会完全不同。甚至有人表示未来他们根本不需要银行，而对技术公司如谷歌和苹果提供的金融产品更加感兴趣。难怪苹果 CEO 库克大胆预言说 5 年后大家都可能用不着现金了。

年轻人不信任银行

传统金融行业正面临着危机，这一论断基于两方面原因：**一方面，传统金融行业首先要考虑的是如何改变公司核心价值观，去迎合千禧一代的用户体验；另一方面，传统金融行业的业务是建立在信任基础之上的，但千禧一代对传统银行尤其不信任且缺乏忠诚度。**

如果我们换个角度，会发现伴随着危机同时出现的是金融服务创新机遇。Wealthfront 是美国一家针对千禧一代的金融科技公司，它利用用户不喜欢和理财师直接交流的特征，基于算法为客户提供个性化的投资管理方案。这种方案，在满足客户的同时，又降低了财富管理的门槛及费用。这家公司的资产管理费用仅收取 0.25% 费率，远低于同行，从而保持了相当高的竞争力。

而我们身边也已经有很多基于千禧一代诞生的金融创新的例子。余额宝 1 元就可以买基金，完全可以称为平民基金，最厉害的地方是它的收入居然超出了同行；微信红包和支付宝 AA 收款就是充分利用社交图谱而诞生的创意；而在众筹平台上，特定时间内就能唤起客户的参与和关注，一部投资高达几千万的电影居然可以在几天内就完成融资，这是粉丝经济和聚合产品的成功，也是传统金融行业无法想象的金融创新案例。

最近让我惊叹的金融创新产品则是在“双 11”购物狂欢中，支付宝开发的创新支付产品——花呗，很多客户在“双 11”当天都享受了先买后付的购物体验。基于千禧一代“80 后”“90 后”人群的消费习惯，基于大数据对消费风险的控制，花呗创新地避开了预先批核，让用户得到了更优质的体验。

所有以上这些趋势，其实核心都来自于现代人对虚拟技术的接受程度，已经超过了对传统方式的接受度。**科技已到达了一个奇点，移动设备更便捷、社交沟通无处不达、分享经济让人人都可参与、人多好办事的众包众筹，这一切我们都有目共睹。**

我的信用，我做决定

你试过信用卡逾期未还款吗？如果我告诉你逾期还款 3 次以上，

会影响你日后贷款的利息，你可能就不会轻易忘记还款了。信用分数一直是个黑盒子，人们不知道自己为何会得到这样的评分，得不到适时反馈的结果是我行我素，甚至自暴自弃。每一次我们悔不当初之时，心里总会想：早知道就好了。

其实，眼下大部分的现实反馈都是滞后的：等体检后才知道“三高”，等失眠了才知道喝太多咖啡，而事后再弥补和改正可能已经晚了。未来，大数据可以帮助我们“早知道”一点吗？再进一步看，大数据可以帮助我们迅速纠正错误的判断和行为吗？答案必然是肯定的。

现实中已有很好的例子，比如健康手环，实时地收集走路、休息、睡眠、心率等生活活动数据，让我们更好地自律，更健康地生活。根据这些数据的反馈，人们可以马上采取修正行动。

BIG DATA 数据分析实例

创新金融公司 Credit Karma（CK）是一个打破“信息黑匣子”的真实案例。CK 成立于 2007 年，业务完全基于信用数据，继而发展到繁多的个人金融服务。目前它已有 4 000 万用户，占美国 12% 人口——这一数字非常可观。在美国，信用分数至关重要，大至房屋贷款，小至租房租车，对一个人的信用判断都强烈依赖信用分数，几乎所有人对自己的信用分数都非常重视。

CK 是一个免费的个人信用分数管理平台，把曾经只有信用机构和金融机构才能取得的信用数据透明化。在得到用户授权的情况下，它从美国三大征信局提取信用评分数据并提供给用户，又在用户的分数发生突变时及时通知。同时，帮助用户理解影响其信用分数的关键因素，例如申请信用卡太多造成负面影响。CK 还提供信用工具，例如信用分数仿真器，仿真发生某种个人金融行为对信用分数的影响。

在提供个人信用管理服务的基础上，CK 基于对个人信用数据的了解，进而发展为个人金融服务平台。CK 相信，他们拥有足够的数据来为用户提供金融建议，当用户的信用分数上升时理应获得更低的利率，CK 会在第一时间为用户提供最佳的产品推荐，现已包括信用卡、贷款及保险等。

有趣的是，梵文“karma”可简单翻译为“因果”，这个因果可能是有延迟效应（佛家叫“业”），当中可分为共业与自业，呼应于数据收集，便可解释为个体反馈与集体反馈。信用评价与大环境的经济气候向来息息相关，大数据能给个人带来的就是集体经验的反馈。收集自己的健康数据，可以调节生活习惯，促进身体健康。若能导入类似人群的健康数据做比较分析，必然会得到更好的健康指导。

大数据的趋势是运用集体智慧去优化个体的意愿，这种互动是一种新的生活方式。以 CK 为例，人类与大数据之间的互动，将会加速变革很多传统行业，使之产生翻天覆地的变化。

医疗业酝酿大数据突破

> 越是看起来牢不可破的行业，就越蕴藏着巨大商机。“关联”就是大数据的创新精神。

说起看病，我想很多人都会觉得痛苦不堪。排队长、看病慢、费用高，如果换一家医院，所有病历统统作废，需要重新做一遍检查。所以，很多中国人都有个愿望，就是能有医生、律师、会计师来作自己最贴心的顾问，帮助自己管理身体健康、法律事务或财富。这是痴人说梦吗？现在，美梦或许逐渐成真了。

整合所有数据，更有效地分配资源

我们预订机票、酒店时，能很方便地根据指定时间、地点、星级等找到合适目标，那为何不能用这种数据驱动方式寻找医生呢？瓶颈原来在数据的可获取性。

美国初创公司 Kyruus 正在深挖医疗领域数据，高效地配对医生和病人。它花费了大量精力探索多个数据系统，把所有与医生相关的数据整合到一起，包括预约系统、评价系统、索赔和账单数据。医生信息系统包括专科、语言、地点、邮址、最早可预约时间等。当我们细看这些数据时会发现，大家一方面慨叹医疗资源不足，另一方面竟然有 30%~40% 的医生每天都有空档。通过 Kyruus 这个平台，将大大减少医生的空档，提高医疗的效率。

波士顿和洛杉矶的一些医疗保险公司已经开始使用这一项服务，Kyruus 采用对医生收费的盈利模式，包括首次数据采集发布费用及后续的月度费。目前，Kyruus 转诊协调平台只向医疗保险公司开放，但很快将直接面向病人。

关联，大数据的创新精神

从上述例子我们看到，Kyruus 整合了医生的数据，但在医疗领域上，大部分数据仍未打通。例如，哪位医生开了什么药给哪种病人，这个病人吃药后效果如何，这个病人以前的病历是否对药效有影响，甚至无数不同的病人对不同药物的反应是怎样，人的基因与药物测试结果的关系等。不同医生的诊断数据能否相互关联，形成一个庞大数据库，进而让机器从中学习，并找出最好、最有效的治疗方法呢？

试想，还有多少专业领域正等待大数据去革新？**越是看起来牢不可破的行业，就越蕴藏着巨大商机。**当大家发现数据资源丰富（已数据化），但基于技术或组织原因而分散的行业时，就值得立即革新。“关联”就是大数据的创新精神。

我相信，人类正在加速这方面的发展，希望借助大数据的力量，打破和革新更多传统行业的服务壁垒，让人们过上更轻松、更幸福的生活。

物联网，构建智慧城市

> 如果把城市比喻为网站，那么城市与城市之间的互联，甚至设备之间的跨市互联，就是未来的重要趋势。

传感器带来革命

什么是数据能力小区化？我认为，简单地说，即如何让数据的能力更有效地“取之于民、用之于民”。美国政府的理念是，资料的拥有者为大众，自己仅是监管者；如果政府部门的数据选择不公开，也得先给大众一个说法。这就是未来智慧城市的基础和根基。

最近，奥巴马政府宣布，将增加 1.6 亿美元的投资用于智慧城市项目，迎接大数据和低价传感器带来的革命。这项投资将用于美国联邦研究和超过 25 项的技术合作，其目的为改善交通堵塞、降低犯罪率、管理天气变化造成的损失、提升城市服务效率，以及广义的经济增长等。超过 20 座美国城市将通过与高校及技术公司合作，加入到智慧城市项目中。白宫方面称："市政领袖、数据科学家、技术专家以及技术公司将联合起来打造智慧城市，建立基础设施，以此不断提升数据的收集、整合和利用，从而改善居民的日常生活。"

智慧城市，基础在于物联网

何谓智慧城市？其基础设施在于物联网。它是互联网的延伸，其目的是实现物与物、物与人，所有的物品与网络的连接，并互通信息，成为一个巨大网络。

城市是物联网开发和应用最有力的实验田。美国政府这次增加的投资将用于公共安全、能源、健康、交通及天气等项目上；美国国土安全局、能源部、商业部以及环境保护局将负责这些项目，其中 1 000 万美元用于线下的计算和网络集成，例如智能建筑项目。芝加哥大学将研究 Array of Things（AOT）的开发，这是一个包括 500 个节点的基础设施开发，以便在城市地区快速地部署传感器、嵌入系统及计算和交流系统。相关工业界（包括 AT&T）的参与在 10 个智能城市部署一系列网络系统，用于智能量表、交通管理和公共安全。与此同时，美国国土安全局将和国家标准局共同合作，使用智能城市数据及分析和预测模型，这也是美国国土安全局 5 年 5 000 万美元开发紧急响应技术项目的一部分。

如果把城市比喻为网站，那么城市与城市之间的互联，甚至设备之间的跨市互联，就是未来的重要趋势！因此，设计智能城市的时候，千万不能抱着独善其身的传统思维。**万物互联将会更充分地让我们体**

会到：地球是平的，国界将变得越来越不重要。

城市竞争靠大数据

我特别不喜欢某些排名类的报告，更鄙视一些粗制滥造的指数。某些全球创新或竞争排名，如果你有机会问一下知道内情的分析师，就可能会惊讶两声然后算了。**传统指数最大的问题在于实时数据的收集及整合，所谓“巧妇难为无米之炊”。**当然更大的落差其实是如何弄清这指数或排名是对的，然后在现实中验证及修正。因此在企业内，我特别反对这些华而不实的伪数据。

同样道理，美国一些经济学家（包括联邦储备局）也在呼吁，应该更好地利用实时经济数据，对经济形势作出及时的评估和预测。其实想衡量一个地方的经济水平，除了官方统计的社会零售总额外，在大数据时代，我们也可以见到不少民间创新的数据来源。例如，MIT 发起的 Billion Prices 项目，通过收集几百家在线零售商的购物数据，借之衡量通货膨胀；搜索巨头谷歌的价格指数、衡量每周非农业人口的工资汇总情况的 NFPGuesses；在房产领域，Zillow 追踪房屋的销售和贷款情况，为多变的房产和房贷市场提供实时数据。此外，通过求职网站的职位发布和求职搜索，可以及时把握就业情况，甚至可以预测未来的就业率。另外还有 PriceStats，它是一家由经济学家和学者创建的公司，通过收集在线价格数据，为 22 个国家以及美国的多个行业提供每日的通货膨胀指标和购买力平价（PPP），目的是为了预测重大的趋势变化。

到了这个大数据年代，不仅企业要变革，政府也得奋起直追，思索如何使用新的数据来源，为经济预测带来革命性的改变。过去，经济预测往往通过非常有限的结构性数据做分析。城市若欠缺数据收集规划，实时、适时及回路数据不足、不全，决策便没有准确数据可用，使得行动总是处于亡羊补牢的状态，后知后觉。

可见，城市之间的竞争已经开始蔓延到数据能力的较量，关乎一地的未来福祉。**当然，拥有海量数据并不一定意味着就有大数据能力，如果没有洞察力，什么数据都是浮云。**

娱乐大数据，定制你的需求

> 未来，或许我们不再需要费劲地去搜寻想看的节目，家里的智能电视就会告诉我们今天哪个节目适合一家人欣赏。

在无尽的数据中，哪一个才是解决问题的金钥匙？

我有个朋友曾经遇到一个难题，就是如何决定一部新出品电影的放映排期，包括日期、场次等，这就需要对这部电影的票房有非常准确的预测。

以往，新电影的票房都是根据过去类似电影的票房来估计的，准确度不算理想。那大数据有帮助吗？我的朋友研究一段时间后找到一个方法，把准确率从约 60% 提升到约 80%，其中的金钥匙就是片花。

通过分析新电影的预告片在各视频网站的浏览量、浏览时长、浏览人群及这些人群所属的地区等数据，来预测这部电影的最终票房表现。你可能会说，电影投资期这么长，有办法在未开拍电影前就提早预测吗？清华大学的一位教授用5年时间从好莱坞所有的制片人、导演及演员之间的合作关系中，得出如何做一部有票房的电影的数据透视。这两个例子都告诉我们：**过去我们梦寐以求却不可能知道的东西，现时在数据世界里都变得有答案了。**

量身定制网站：你想看的这里都有

关于数据在视频制作上的应用，我们发现最近美国有家公司也在做类似的事情，就是利用数据来挖掘新的视频内容。这家公司名为Tubular，是一家专注视频分析和市场推广的公司，自称为“Video Intelligence”（视频智能）。该公司跟踪收集视频、视频的制作者和观众以及相关讨论的大量数据，并从中提取大量信息。目前Tubular跟踪34个平台上的视频，包括Facebook、Periscope、Meerkat等。收集的数据包括观看和分享的次数、相关的讨论内容、用户参与的深度等。

一个典型的成功案例是这样的，客户希望知道如何在家庭和花园视频类目里，吸引千禧一代的用户群。Tubular通过数据分析，发现千禧一代在花园类目中最感兴趣的是DIY，从而建议创作一个关于花园DIY的频道。

HGTV据此建议创造了HGTV Handmade网络，并在一年里获得精准的观众群。同时，根据视频制作者的数据库，希望通过视频进行品牌推广的企业，可以从大量视频制作者中找到自己感兴趣的人，对他们进行评估并触达。

不久的将来，我们会看到智能电视的出现，这将再一次颠覆视频制作领域。因为智能电视每隔 30 秒就能收集观众观看电视节目的情况，包括他们看了什么、什么时候看的、看了多长时间等，并通过这些数据为他们量身定制其喜欢的节目。**未来，或许我们不再需要费劲地去搜索想看的节目，家里的智能电视就会告诉我们今天哪个节目适合一家人欣赏。**可以看到，数据为节目的制作打开了一个全新的局面，我们完全可以期待从上亿计的终端收集到用户、内容、渠道及制作者之间的深度关联数据，而这将会成为创新浪潮的一股核心力量。

人心难测，时尚业的机遇

> 抓住潮流是时尚公司叫座力的保证。不只关注顾客是否喜欢，还要关注他们喜欢什么、为什么喜欢。

最近，世界知名出版公司 O'Reilly 发布了一篇名为《时尚数据 2015：来自时尚行业的数据创新》的报告。报告显示，很多公司在设计、制造及销售等方面，利用超越传统的方式发挥大数据的作用，给出了让人耳目一新的创新。

时尚不是必需品，它是对自我表达和身份认同的渴望，而这两者都很难定义和量化。然而，越来越多的公司正在利用数据和算法将这两者量化，希望借此在时尚行业通过人机协作取得突破。

但是，如何量化？自然语言的处理是时尚行业中使用数据非常重要的一个环节。时尚的语言描述是复杂的，而描述性的语言往往又是主观的，这对理解时尚语言提出了特别的挑战。

观察社交媒体的影响度，是量化时尚的关键指标。美国市场上涌现出了不少专门针对时尚行业影响者的营销分析公司。它们选择有影响的人物来传播品牌，建立起消费者对品牌的信任，这在未来几年有可能成为一类常用的大众精准营销方式。这不是天方夜谭，我就曾经见过一个卖牛肉干的淘宝卖家，用这种办法在一年内将营业额从零做到几千万元。

数据工具是另一个关键路径。近年来，美国市场上涌现出一类创新公司，它们通过为商家提供不同的数据工具来帮助商家采取行动，主要包括：对时尚品牌提供深入的分析及可视化功能，量化分析产品搭配及时尚趋势，追踪快速变化的社交情感分析等。电子商务从早期的“电子 + 商务”进化到更关注供应链管理。时尚公司 Fashion Gaps 就提供一系列工具帮助时尚行业更贴近市场，包括连接设计师和零售商的需求，更有效地选择邀请媒体参加发布会并追踪反馈效果，甚至跟踪派送样品的效果，等等。

抓住潮流是时尚公司叫座力的保证。在过去，时尚行业擅长通过询问来收集客户数据；近来涌现出的创新时尚公司则提供数据收集和分析服务，使这个过程变得更加轻松、有效。除了常态的数据收集之外，更有一些美容分析公司，通过小测验和竞赛等方式收集深度数据，以了解客户需求。这其中当然少不了使用大量从互联网收集直接及间接的用户评价，计算出不同客户对产品的喜恶原因。当然，这其中的关键问题是：**不只关注顾客是否喜欢，还要关注他们喜欢什么、为什么喜欢。**

曾经有人说，越是相信搜索引擎的人，越会远离时尚，因为能搜出来的都是大众平庸之选。反思时下机器学习的背后，可能欠缺了对情感的深度理解。我曾经经历过一个成功项目，就是使用数据去学习时尚达人的选品过程，借之加强推荐系统的“潮”性，结果真的有耳目一新的感觉。看来，“人心难测”也会成为大数据的机会啊。

未来，人人都是数据分析师

> 只要你愿意充分利用大数据带来的诸多好处，人人都可以成为自己的分析师，面对重大的决策时更能深思熟虑。只需谨记：好的问题里面潜藏了答案。

当你遇上难题时，试过说一声“天知道”就草率下决定吗？一般人可能平均每天要做上百个决定，这些决定小到早餐吃什么，大到要不要跳槽，都需要我们开动脑筋。有些小的选择错了亦无伤大雅，但一些关系到你人生的重大选择就要注意了。

当你面对既重要又紧急的问题，却没有任何经验时，该怎么办呢？人人都希望自己作出英明决策，但如何保证？如果有一套清晰的决策框架帮助你，是否好过迷迷糊糊地作出选择呢？其实只要你愿意，人人都可以成为自己的分析师，面对重大的决策时更能深思熟虑。**只需谨记：好的问题里面潜藏了答案。**

先反复解题，厘清选择逻辑

决策前首先要明确你的问题是什么。**先把问题内的一些关键词定义清楚，然后反复用不同的角度重组，直到问题越来越清晰。**例如，我要找一份更好的工作，但什么是更好？工资高就是好吗？

当问题定义好后，决策就好办了。因为清楚了问题之后，就比较容易找到相关的数据和信息。而在没弄清楚问题之前，便没办法进行下一步的思考和行动。如果有人问我他换一份什么工作好，我会不断问他：你想解决的问题或者目的是什么？找到下一份工作之后，如何知道是否达到目的了？如何比较现在与未来？从厘清问题的过程中，很容易就会知道衡量各种选择的逻辑。

搞清楚已知和未知

在已知的信息中，要判断哪些与你的判断逻辑相关，是支持你的选择抑或不支持，同时评估信息对选择的重要性和准确性，其中如果有决定性的因素，更要细分及追本溯源。**在数据化时代，能量化的信息（包括半结构化数据）尤其重要。**

当然世事哪有这么完美，你不知道的往往才是决策的陷阱。不知道的信息分为两种，一种是你花点时间就能找到的，另一种是“你不知道你不知道的”。比如，你想换工作，除了工资、职位、发展前景等条件外，可能还需要了解公司的稳定性、新老板对待员工如何等，这些是你花点时间就能得知的信息。但你可能万万没想到第一天上班，部门就被改组了。

在不确定中做判断

除了“已知”和“未知”，可能还要看你知道的信息中有多少是可靠的。分析师在看到数据的第一个反应就是，这个数据是从哪里来的？准确吗？他们需要不断地校验数据的准确性。

当问题理清楚和收集“足够”的信息后，就可以对选择作出对比，包括前后对比、内外对比、自他对比等。分析师行内有“六字真言”：对比、细分、溯源，可谓字字珠玑。其中，“溯源”是高手的必争地，无他，基础也。总结来说就是，把问题分解，找到准确信息，把信息融合到判断逻辑之中，在有限的资源下作出有利的决策。兵无常势，水无常形，判断的能力不仅仅是一种科学，更是经验的积累，事后覆盘是学习的唯一途径，用结果倒推来审视：问题是否够清晰？判断逻辑对不对？信息是否匹配？从决策的过程中得到回馈，不断优化。好的分析师会把自己也作为分析对象。在如此循环往复的分析判断中，最关键的是长期保持“新手”的心态。

大数据生态走向平民化，专业工作变得人人可做

我曾经跟一位美国零售集团的高管交流后得知，数年前当传统零售业意识到电子商务所带来的改变时，除了招聘大量数据科学家外，第一件事就是去收集在线对手大量的实时商品数据。几年后，美国如今的大型零售公司都已具备选择商品、动态定价及多终端多渠道的管理能力。为了支持每一秒钟与对手的竞争，可以想象收集更广更实时数据之重要性，即使是一个简单的天气变化，都有可能令你当前商品的竞争力落后于对手。

兵法有云："知己知彼，百战不殆"，对于企业应该如何使用数据，这一句话最为贴切。当很多公司来问我该怎么使用数据时，我必然会告诉它，用数据了解自己（知己）是第一步；第二步就是用数据来了解竞争对手（知彼），并根据对手的动态变化作出攻守判断。**大数据的首要关键，就在于如何量化数据大小与决策好坏的关系。**

你可能会问：这么高难度的事情，小企业如何跟得上呢？好消息是，在这几年间，美国的大数据生态已逐步走向平民化。

最近，美国一家专注数据收集爬取的公司 Import.io，让我眼前一亮。互联网是最大的开放数据来源，通过 Import.io 的工具，用户可以瞬间将众多不同网站转化为数据表格或 API（应用程序编程接口）。Import.io 每天

可以从互联网上搜集千万条记录，至今已从 30 万个网站上收集了上千亿条数据记录。Import.io 在同类公司中技术领先，曾多次被评选为最佳创业公司。目前该工具对个人用户免费开放，对企业用户则源源不断地提供大规模、定制化等极具质量保证的数据。

让我感到兴奋的是，他们把采集半结构化数据这项本来只有技术工程师才能做的事，变成了人人都可使用的平民化服务。而健康的大数据生态，应该是可以让数据从收集、加工到应用的各个环节变得越来越精细，整个数据处理的过程形成一个互惠互利的产业链，大家都在大数据的海洋中分工协作。

我们不得不赞叹美国大数据产业链的发达，有人做数据的中间层，比如把天气跟零售的数据关联起来给需要的人使用；有人把机器学习的门坎降低，变成 MLaaS（Machine Learning as a Service），让不懂数据的人也具备数据学习的能力；也有人把数据可视化变成简单易用的工具。Import.io 这样的公司就是把数据收集变成如水电煤一样每个人都能使用的服务。

大数据从原始数据再到加工到使用是很长的链条，如果有好的数据生态和产业链，每个人专注其中的一个环节，各司其职、分工协作，就能把数据的价值发挥到最大。希望在不远的将来，中国也能跟美国一样，早日建立丰富完整的数据产业链。

13

未来的趋势，蕴于数据之中

BIG DATA

The Business Revolution

“凡是预先设定的，都缺乏弹性亦不够全面；面对一场决斗，必须要根据实际变化去决定下一步的行动。”这是李小龙在他的武术笔记中说过的一段话。在我看来，对待数据也是如此。

数据积累永远滞后，孤立的局部观察并不真实，所以一知半解所造成的错误决定有时更危险。

从大量数据的收集到找出有用的规律，要预测结果须经得起时间考验，非常不容易。如果不能将预测付诸行动，或者与现实偏差太大，便前功尽弃。因此数据行业内有个说法：“花 6 个月做的数据模型使用 2 个月就不能用了。”这不是笑话，而是常见的现象。

随着技术进步，数据应用经历了几个重要阶段：从最早期的描述性分析（发生了什么）到诊断性分析（为什么发生），直至今天每一个行业和垂直领域都在努力开展的预测分析（即根据已有的历史数据预测未来）。

实际上，最重要的是真正改变生活的数据应用正悄然兴起，商业分析正朝这方向走，这就是“Prescriptive Analytics”（可译为指导性分析或处方分析），预测不同行动产生的结果，并基于预测给出具体的行动建议。这也是商业分析的突破，预示我们已走入商业核心，创造新的商业模式指日可待。

利用预测为未来把脉

BIG DATA

数据分析实例

美国创新公司 FLYR Lab 把预测分析和指导性分析用于预订机票，基于大量数据和对航空公司制定价格的理解，以此预测未来的机票价格。其实预测价格并不新奇，但利用预测有效地锁定低价机票，这种产品很有意思，情况就好像将火药变成了手枪。

FLYR Lab 开发了一个新产品叫 Foresight，并将其用在一个预订机票网站 Getflyr，从而进入到指导性分析阶段。当你犹豫是今天买 300 美元的机票还是等几天再买时，Getflyr 或许可以帮你解决烦恼。你只须花 3~30 美元，就可锁定未来 7 天内 300 美元的机票价格，而且也不必担心机票加价，因为 Getflyr 会为机票价格涨幅埋单，而票价下跌时你可以享受低价的机票。这一切都是基于大量的实时计算和模型学习调整，最终呈现给用户明确的解决方案。

上述例子就是一个概率游戏，若这个为确定性埋单（Paid For Certainty）的例子普及到日常生活中，可以衍生无数的可能性。机票例子中动态定价能力是这个产品的关键，实时票价的趋势预判和参与人数令风险更容易控制。

再举个例子，有天你把车停在路边，不知道会不会被交警开罚单。如果我跟你说，给我5元，有罚单我埋单，你会接受吗？你认为什么才是这个例子的关键数据？这个数据容易获取吗？我想我首先会求助于谷歌地图。

大数据的重要性已不言而喻，而大数据技术在商业活动、社会生活中的作用也越来越明显、越来越重要。

物联网，让寻找客户靠数据不靠运气

> 在数据的使用方法上，针对企业的预测分析与针对消费者个人的预测分析本质上一样，但企业预测分析所要收集的数据来源更多、更广，并需具有高度的行业专业性。我们可以很有把握地说，数据无处不在，身在传统领域也需要多留意数据。

零售业的朋友对搜索引擎营销既爱又恨，怀疑其是否真的能够做到精准营销。对于出口公司来说，获取企业级别的客户更是难上加难，难道就只能靠一年一度的交易会去“碰运气”？如何能用更有效的方法，精准地找到目标企业呢？

在大数据概念出现之前，我对预测就做过尝试。我从曾经参加交易会的企业买家网站上，快速收集他们的购买意向数据（即他们想要什么），然后经过分析，自动配对出有意向的准买家名单。这种方法让我轻而易举地识别出大量潜在客户，并能精准地知道这些企业的业务需要。

消费者个人倾向于保护自己的信息，相较之下，企业更愿意对外公开各方面的资料，如他们从事什么行业、是否零售、有没有在线交易、是否属于中小企等，这些免费的信息经过整理就可以变成商业情报。我当时就想，如果有家公司能直接帮我收集信息，并推送这些企业客户就好了。

这样的情况并不唯一，最近我发现有公司已开始用类似方法解决企业采购问题。Lattice Engine 这家从事 B2B 销售预测的数据分析公司刚发布了一款新产品，可以从两个关键词概括该产品的新方向：意向和预测。他们聚焦在整合企业客户的意向数据以及预测客户需求上。

无孔不入，用信息预测需求

Lattice Engine 擅长于帮助客户在已有的数据库中寻找潜在需求，并识辨客户的信息，包括企业是否获得新的资金，是否建立新的办公室，是否购买了新的服务器、存储系统，等等。

在获取新客户这个方向，Lattice Engine 可以帮助客户在他们原有数据库之外发现新的对象。它增加了一层新的信号，称为 Prospect Discovery，通过抓取相关产品的搜索信息，以及社交网站上发布的相关内容等，来发现新的潜在购买对象。比如，他们会留意企业的意向数据（intent data），通过追踪目标企业，发现某公司的员工正在关注某一个产品。这些数据可能来自博客、LinkedIn 上的交流以及专业文献的下载。进而，我们就可预判目标公司可能会采取什么样的采购决策、现金周转速度等。Lattice Engine 的数据提供商会专门收集专业内容的下载情况和交易会的注册情况等数据，以便更好地分析企业需求。

在大数据时代，我们已然可以利用“无孔不入”的数据来预测商业需求。这家数据公司正在利用各种渠道公布的信息来预测商业需求，并根据此等信息为企业推荐合适的供货商，我们称之为企业级的推荐引擎。

其实，在数据的使用方法上，针对企业的预测分析与针对消费者个人的预测分析本质上一样，但企业预测分析所要收集的数据来源更多、更广，并需具有高度的行业专业性。

从猜你喜欢到动态定价

我们可以很有把握地说，**数据无处不在，身在传统领域也需要多留意数据**。再过 10 年，不用大数据的企业将追悔莫及。

最近香港提出未来要做金融科技，想做好金融科技，其中离不开大数据。在美国，银行、保险、投资甚至地产都有不少例子，其中借助大数据获取新客户最为常见，也较易实现，预测客户的产品及渠道偏好也可令双方关系更紧密。在金融产品中,风险管理跟定价相关，可参考以下的创新例子。

若你是一个 20~25 岁的男性，驾驶一部跑车，假定你是个安全的驾驶者，你会发现你为别人付出了更高的保险费用。因为在你这个年龄群体中，部分人发生意外的概率很高，所以保险公司会向你收取较高的保费。由于大部分保险公司是根据一个群体出现意外的概率，而不是你的驾驶行为来收费，他们不知道你每天的驾驶情况，如驾驶习惯及路线等，也无法评估你真实的出意外概率。

按驾驶行为定保费

我们发现，美国有两家保险公司已经收集了逾百万用户的驾驶数据。他们让驾驶者安装一个名为 Telematics 传感器，实时收集驾驶行为数据，从中得知驾驶者有没有超速、粗暴驾车等情况。整合了大量数据后，保险公司可以知道一般人的驾驶习惯是怎样的，在不同的路段上，每一个个体与一般人的驾驶习惯相比较是怎样的，这样可以更容易确定如何定价，相应的产品被称为“pay how you drive”。

另一家公司采用更进一步的定价方法：“pay as you drive”，即你在驾驶时才需付费，对不驾驶的车只收取很少的保费。这种方法更划算，尤其是驾驶里程低的用户可节省数百美元的保费。简单来说，大多数保险是在你不使用时也要付费的，而在这个例子中，按使用付费其实更合理。

前一个例子说明了在细分用户群及提供服务的不同场景中，可能存在较大成本差异，物联网提供了更多的大数据作精准风险评估，因此定价可以不一样；后一个例子则说明，我们可以准确知道客户何时，甚至如何使用这个服务，由此定价可以更灵活。这两个例子都可以在金融或服务行业里举一反三地应用。

根据社交网络状态定保费

不出所料，美国有一家公司把健康保险定价也列入上述讨论范畴中。只要用户愿意分享自己的博客、社交网络等数据，该健康保险公司便可据此给不同的人定出不同价格。但这样可能会弄出一些笑话，例如你在 Facebook 上贴了一张你假装抽烟的图片，可能因此令你的保费被提高。当然，这些较创新的服务，还有非常多的因素需要更多源头数据来进行精准定义，而非根据偶然的行为便敏感地提高价格。

物联网的出现，可以让我们知道过去很多不知道的事情。例如，某部汽车是被怎么使用的；冷气、冷柜等电器的使用情况怎么样；我们每天到底是怎么生活的…… 这些数据或许会成为我们为每种产品或服务付费的新依据。在不久的将来，物联网将与我们的生活息息相关，也会在生活中催生更多创新。物联网离我们不再遥远。

虚拟现实，以精算模型预估人类行为

> 如果掌握了大数据与人性之间的关系，那么人人都能当个“算命先生”。

你算过命吗？算命先生是否说过你将来会大富大贵？但多年后，你的生活还是没有任何“大富大贵”的迹象，你会为此感到苦恼吗？又或者，像我这样，被误诊为癌症，到后来却幸运地发现只是虚惊一场？

概率游戏就在我们身边，常常在不知不觉间从四面八方向你突袭而来，你甚至会疑惑，这一切到底是一场梦，还是真有其事。

BIG DATA
数据分析实例

虚拟现实将改变我们的世界，下面的例子或许可以让你有所启发。

哈佛大学医学院的一份研究报告提到，他们在研究参加过战争的退伍军人的战后创伤和精神愈疗时，开发出一个精算模型，这个模型基于近 100 万名退伍军人数据，能够预测退伍军人的犯罪倾向。美国军方也曾在 2004—2009 年试图建立退伍军人数据库以研究退伍后军人的行为风险。该数据库表明，其中近 6 000 名退伍军人曾发生暴力犯罪——从谋杀到纵火，等等。

哈佛大学医学院的研究者们将这些数据和军队数据、人口数据以及犯罪和医疗数据相结合，开发出了精准模型以预测参战退伍军人未来的犯罪率。最终结果证明，超过 50% 的犯罪都发生在模型判定的高风险人群中。

未来或许潜在嫌犯会被提前监控。尽管从传统意义上看，警方的使命是破案而不是防止犯罪，但现代的大数据技术为预测犯罪提供了可能，预防并阻止恶性枪击事件的发生，将在一定程度上为普通民众的生活带来安全保障。

这是好事吗？未必。这类措施也可能会出现误差。假设你连续 3 天在超市买了 3 个压力锅，这是你出于正常、安全的目的作出的购买行为，但结果可能引来“飞虎队”半夜破门而入！为什么？因为警方的大数据显示，你这种购买行为可能是有风险的。这个例子不是玩笑，这样的事情在美国发生过，结果警方赔偿了几千美元才了事。

当然，凡事都可以用从一个角度去看，**如果能在概率游戏中看到玄机——掌握大数据与人性之间的关系，那么我们都能从中获利。**通过这一技术，或许有一天，你也能当个算命先生，也能字字珠玑、妙语生花。

以大数据应对“不测风云”

> 天气数据看似简单，却价值连城，但其价值并非来自本身，而是通过与具体商业问题的结合，发掘出其对商业的影响从而创造价值。

巴黎气候大会正在紧锣密鼓地进行一场科学界的“华山论剑”：各国政府和科研机构正在利用大数据技术，来预测气候变化并寻求解决措施。**大数据技术已经成为人们从各角度研究气候变化的重要方法。**

美国国家航空航天局的气候模拟中心通过数千台联网的电脑进行并行计算，分析在全球采集的各种类型的气候数据，例如风如何影响洋流、云中含有的水量、南北极的冰川融化速度等，并建立物理模型，预测天气变化的趋势。此外，美国 EMC 公司和美国国家公园的科学家展开合作，通过众包方式取得关于鸟类、森林的数据，让国家公园管理员了解气候变化对野生动物的影响。同时，通过卫星图像、众包数据和公共数据分析各国森林砍伐的状况及其对气候变化的影响。

值得一提的是，随着互联网、物联网、社交网络的发展，美国不少民间机构也为气候数据的采集作出了贡献。科学家使用大数据模拟地球上的生物种群，研究生物与气候、污染、人类活动以及全球碳循环之间的关系。大数据对美国的战略地位可见一斑。当前美国的数据技术一枝独秀，其实是有赖于企业开放的心态及美国政府的大力支持所带来的效果。 这些投资不仅培养了很多创新企业，还加速了民生的改善，例如减少交通堵塞、降低犯罪率、降低天气变化造成的损失、提升城市服务效率，以及广义的经济增长等。现在，美国有超过20 座城市通过和高校及技术公司合作，加入到智慧城市项目中。

数据科学的差距意味着国家的未来、公司的生存、个人的竞争力，大数据绝对不是感性的运动而是理性的落地。中国人一直用“人心难测”“天有不测风云”这样的语言来解释不确定,那么,面对未知，能否借古鉴今固然是聪明人的基础，但在不确定性中借助数据科学作出判断并采取行动才是大智慧。

行动智能的关键在于数据

我们每天都会收到天气预报，这对我们来说只不过是个信息，它能帮助我们决定如何适应今天的天气，比如出门是否带伞、是否需要多穿衣服等。但美国有家公司却把天气数据用在了商业中。

这家公司叫 Planalytics，是一家全球领先的专注天气分析的公司，服务于来自美国、欧洲及南美各国的 200 多家企业客户。该公司在天气分析上积累了大量经验，特别是在细节上，在美国多家大型零售和制造商都有成功案例。到目前为止，Planalytics 已分析了上万亿的交易数据及 8 500 个类目，基于这些分析再将天气数据转化为有助于企业决策的指针（可理解为数据中间层），进而优化业务结果。

数据的重要价值在于它能让人们把决策前置。如果通过数据比别人哪怕早一秒对事情作出准确的预判，我们就比竞争对手更有优势。准确的预判加上快速的行动，就是现在我们所讲的“Actionable Intelligence”（行动智能）。想达到这个目标，我们需要足够的资源，最关键的原材料就是数据。然而一些重要数据之间的关系往往不那么直观，人们常会忽略这些数据之间的关联性。发生这种情况有两种可能：一是这些数据之间的关系较隐性，不容易直接被人发现；二是过去不容易拿到这个数据，又或者能拿到但数据太粗或不够准确等。

你的冗余，我的宝贝

春天的到来对零售商意味着春装的采购、户外用品销售的回升等，然而今年的春天是否会和以往相同？有数据表明，重复上一年天气的概率仅有 15%。而商户的规划往往基于往年的销售并假设同样的天气再现。

天气对商业的影响远大于我们所意识到的，商户对天气的反应也往往是滞后和临时性的。在美国，天气对服装行业和百货商店的影响都高达 30 亿美元，对园艺、五金工具的影响则达到 40 亿美元。对于天气敏感的类目，利用天气数据将其业务“weatherized”（天气化）带来的效益是非常可观的。**天气数据看似简单，却价值连城，但其价值并非来自数据本身，而是通过与具体商业问题的结合，发掘出其对商业的影响从而创造价值。**30℃的天气对业务意味着什么？这取决于所在的地区、所处的类目、所在的季节、该地区的历史天气，以及历史销售记录等。因此，天气看似是小数据，但要利用天气数据驱动业务，却需要融入多个来源的大数据。

一直以来，我也在观察天气与服装销售之间的关系，我发现一个很有意思的现象：原来，每年一到冬天刚结束，就有人开始寻找夏装，而当广州的天气第一次变热时，夏装的需求就爆发了。反过来，在冬天，北方城市的首次降温也会带来冬装搜索的热潮，而最早开始搜索的这些人往往都是服装达人。

像这样能了解天气与服装销售之间的关系的人，可能就发小财了，这就是数据联结的价值，这就是大数据的奇妙之处。**别人的冗余，居然被收集起来“废物利用”变成了我的宝贝，点石成金。**这种经济效益绝对奇妙无穷，也是我从事大数据的动力。如果我们能把更多的环境数据与人们衣食住行的习惯进行关联，将有可能挖掘出非常有价值的商业机会。

情绪计算：相形不如论心

> 还原是深入洞察的根本。大数据时代所衍生的多媒体数据越丰富，科技识别的能力越精细，场景的定位就更明确。数据从收集到使用的规范化都有助于未来的分析更具追索及关联性。

“相形不如论心。”所谓论心，即是从收集一个人的行为信息来判断他的意志、情绪、涵养及心计的表现。为什么我认为这是发展行为大数据的机会点？我想用楚庄王参谋的一句话来总结：“臣非能相人也，能观人也、能观人之友也。”大数据时代的思考方法就是要全面了解一个人的行为，不是简单地看，而是有计划地多角度观察，甚至要触类旁通地观察。

探测情绪，助升广告效用

我们的言语就像面部表情一样，会透露出我们的感受。最近，一家名为 BehaviorMatrix 的公司发布了新一代的数据产品，以帮助理解交流和决策背后的情绪。该产品提供的情绪信号探测功能，通过上下文分析及一系列来自不同数据来源的交流对话，追踪情绪的反应链，并通过识别参与交流的人群模糊网络，发现谁是真正有影响力的人，使得我们不仅知道人们在讨论什么，还能知道他们为什么会有这样的感受，是什么在影响他们，以及驱动他们的意见和决策的情绪是什么。

同时，该产品在分析出情绪之后，将预测这样的情绪下可能产生怎样的行为。据称，这个情绪信号处理系统是该领域的第一家，该平台收集来自 300 万不同来源的数据，包括社交媒体、新闻、博客、论坛、调查，甚至广播电视字幕、印刷刊物。其应用领域包括客户服务质量的提升、品牌意识、新产品开发、广告效果分析等。

BehaviorMatrix 曾分享一个案例，公司在分析一则制药公司针对家庭客户的电视广告中增加一个新角色会引起观众情绪如何变化。结果发现，该角色对品牌的作用是负面的。角色本身和出现的频率都引起了观众的反感，对品牌造成破坏作用。制药公司希望通过这样的情绪分析，探索在电视广告中怎样的情绪将触动观众渴望购买该药物。而这款情绪分析产品在技术上超越了目前常用的语义分析，用一种类似人脑的方式进行自然语言处理，能够理解文字背后细微的情绪和情感。

还原是深入洞察的根本。我深信，当大数据时代所衍生的多媒体数据越丰富，科技识别的能力越精细，场景的定位更明确，数据从收集到使用的规范化都有助于未来的分析更具追索及关联性。在前例中，如果语音、笔迹、面部表情皆成为情绪计算的一部分，我相信今天我们见到的，都只是冰山一角。

开扩思维，负面信息也是决策关键

> 只有先进的科技加上开阔的数据思维，大数据的价值才能发挥得淋漓尽致。

顾客购买的数据重要吗？当然重要，但有时候，顾客拒绝购买的数据可能更为重要。

我曾在一些会议上分享一家珠宝公司的例子，他们不仅收集顾客买了什么首饰的数据，还收集顾客看了什么首饰却没有买的数据。这个案例很有意思，**正面信息和负面信息叠加起来，便可更清晰地判断顾客需求，从而帮助他们更好地生产和销售。**

最近我们发现，美国有家数据公司 Granify 跟这家珠宝公司的做法有异曲同工之妙，他们也是通过观察顾客的“肢体语言”来了解顾客为什么不买，同样是从负面信息去寻找机会点。

预测行为，影响购物决定

Granify 的口号是：“Do you know which shoppers are not going to buy？ We do. And we can change their minds.”（你知道哪些顾客不会消费吗？我们知道，且懂得如何改变他们的想法。）

对于接入 Granify 平台的电商网站，Granify 收集并观测用户整个浏览旅程的每一个细微行为，通过每秒钟观测超过 400 个变量，以理解用户的“数字肢体语言”，并预测他们下一步的行为。一旦决策引擎判断某种行为可能会影响客户的购买行为，系统将自动弹出信息或给出优惠来打消他们的顾虑。

这家公司的可贵之处在于，合不但可以预测客户行为，还能采取行动以直接影响客户的决定。该公司建立的 Influence Lab 专注于客户行为影响的研究，通过市场专家、用户体验设计师和数据科学家三方的共同努力，采用消费心理学的技术及分析，以发现用户的想法并系统化地影响其决定。例如，当发现用户对运费有顾虑时，弹出购买达到一定金额免运费的信息。Granify 目前与 19 个国家的大型零售商都有业务合作，一些成功案例显示，用户转变率可提升高达 35%。

从肢体语言判断需求

这让我想起，早在 10 年前，我的师父就帮亚马逊做过这样一个数据实验，从一个人敲键盘的频率及时间间隔，来猜这个人到一个网站是买东西还是只是闲逛，以及购买意愿有多强烈等。今天我们的科技已经高度发达，大家都在谈论“人脸识别”，但我听说市场上已有这样一种技术：凭着一个人穿的衣服，就能跟踪到他在百货公司内的行为，从而收集到顾客所有的正面和负面的数据。因此，未来的零售店关键是能否真正从一个人进入这家店后的肢体语言，如他看了什么、没买什么、最后买走什么，来判断顾客真正需要的是什么，才能更好地满足客户需求。所以，很多时候我们不是没有数据，而是没想到去收集哪些数据。

因此，要想用上大数据，不要只关乎科技的发展，还要注重思维的开拓。**只有先进的科技加上开阔的数据思维，大数据的价值才能发挥得淋漓尽致。**

知识图谱，知别人所不知

一位大学校长曾经问我："你认为大数据到现在为止，对人类最大的贡献是什么？"我毫不犹豫地回答："在医学领域。"毫无疑问，大数据对医学的贡献是最伟大、最无私的。因为通过大数据在医学上的应用，可以减轻无数人的病痛，挽救很多人的生命。它对人类的价值无限。

2014 年阿里曾邀请 IBM 沃森实验室的一位高层给团队做分享。他提起 IBM 做过一个非常有意思的项目，就是如何快速决定是否对某种有助于治疗癌症的蛋白质投入研究。

大家可能知道，有些蛋白质有助于治疗癌症，但是每研究一种这样的蛋白质，耗费的人力、物力都非常巨大，10 年时间可能只能研究 10 多种。IBM 用了一个方法，就是用机器"读"完近 30 年来所有有关蛋白质的论文，从中寻找蛋白质间的关系，进而决定哪一种更值得研究，大大节省了研究资源，提升了效率。其实，IBM 所用的方法就是认知科学，多年前他们已开始使用，在美国也有越来越多的企业开始利用认知科学来解决更多问题。

最近，认知计算公司 Digital Reasoning 的行政总裁蒂姆·埃斯蒂斯（Tim Estes）提出了一些有趣的观点。他于大学期间创办这家公司，14 年来一直担任总裁。他笑称文本分析已经死亡，取而代之的是知识图谱。其实文本分析从来没有像现在这样广为需要，且可通过大量的开源工具完成。但对于技术公司来说，文本分析已不再有趣，下一步的关键是知识图谱：如何从数据中提取知识。

知识图谱的认知过程大致分为三个步骤。Read（读取），读入所有的数据文件，如邮件、文档、社交文本等，并将其结构化；Resolve（解决），从中提取重要的信息，并和其他信息相连接；Reason（推理），通过这些相连的知识图谱，利用机器学习的方法找出最后的图画。

举个典型的例子，某上市公司 A 公告任命一名董事，Digital Reasoning 就可通过“Read”转化分解为人、公司、动作、职位等结构化数据；再通过“Resolve”连接该人物的历史工作记录、朋友、同事等；最后通过“Reason”发现该董事以往同事的朋友在卖 A 公司的股票。

通过这些技术及产品，Digital Reasoning 在金融犯罪、网络安全等领域有很多成功的案例。

在知识图谱领域，谷歌是当之无愧的领先者，Facebook 是最快的追随者，微软也在快速行动。近年来美国政府花费不菲，在多个领域、无数项目中尝试了知识图谱方法，而 Digital Reasoning 正是从这些政府 IT 项目产生的稀有成果。目前该公司正为美国政府和金融业提供知识图谱相关服务。

企业高层最怕见到一大堆数据报表而非观点，更怕那些带着观点然后找数据来证明自己的分析师。知识图谱的探究，让我们开始看到从大量数据及其关联之中获得新知识的曙光。以前我们带着问题去找答案，如今在认知科学的带领下，我们可以真让数据去探索未知。

14

数据产生的未来洞察力，才是核心竞争力

BIG
DATA

The Business Revolution

大数据公司最大的痛苦是什么？不是没有数据，而是有太多数据。各种各样包括结构性和非结构性的数据从四面八方而来，但哪些有用？如何挑选？这才是最难的。

大数据变革在数据本身

> 今天，大数据之所以说起来容易、做起来难，主要有两个原因：其一是数据的易用性，其二是数据处理的成本。因此，底层数据处理的自动化才非常重要。

有一次，我在美国碰巧遇到谷歌的前数据部门主管，他跟我说了一件他觉得很痛苦的事：提出数据需求的人，往往 70% 的情况是并没有使用所获提供的数据。他为此非常生气，便质问业务方：“为什么你们老问我要数据，结果却不用？”业务方回答：“因为我用了之后才知道这些数据没有用。”对于一个每天都要准备数据的人来说，这好比你是一家餐厅的老板，厨师每天为你准备很多菜你却只用一小部分材料。所以，我从事大数据工作一直有个梦想：如果有一天可以把数据的处理自动化，该多好！

创新方法自动清洗准备

说起数据处理的自动化，不得不提一家在数据领域有突破性创新的公司Paxata，它是美国少有的接地气的自助型数据开发平台。这家公司的专注领域令人兴奋，因为目前市场上几乎所有的数据分析，包括BI软件和创新都聚焦在解决数据分析的算法、可视化、模型等的自动化，却忽略了一个事实：现实工作中，数据科学家和分析师首先需要花费80%（甚至更多）的时间在数据清洗和准备上。而Paxata公司采用机器学习的创新方法解决数据开发，其功能如下：

- 读取数据：读取任何形式的数据，自动解析和识别数据的类型及数据的意义。
- 数据探索：通过人机交互的形式，帮助用户主动发现数据质量问题。比如提供全文搜寻、数据质量热力图、发现规律，来发现数据中的错误、重复、稀疏、缺失等问题。
- 数据清洗和修改：Paxata平台的核心是语义融合和机器学习引擎。该引擎基于算法智能识别并进行数据变换以改善数据。

除了上述功能，Paxata公司还能够通过人机交互的形式完成数据合并、发布、改进、分享、安全控制等数据准备的所有环节。其中一个有趣的功能是数据富集（data enrichment），它能基于第三方数据库建议用户增加更多的变量以提升挖掘价值，并自动完成数据的转化。“他山之石，可以攻玉”，同类公司所关注的变量及挖掘路径可以互相借鉴。

今天，大数据之所以说起来容易、做起来难，主要有两个原因：其一是数据的易用性，其二是数据处理的成本。因此，底层数据处理的自动化才非常重要。我们需要将使用数据的经验数据化，并把这些经验转化为其他公司对自己数据的理解和使用能力。

或许在不久的将来，我们就会发现，只要我们对某一领域使用数据的经验有足够的沉淀，哪怕给我一堆毫无关系的数据，我也能根据数据经验库，告诉你我从中看到了什么。**世界日新月异，变化之快令人咋舌，数据人只有不断颠覆自己使用数据的能力，才能找出大数据未来的方向。**

任何一个完整的高效服务都离不开 3T

> 跟大数据的 4V（量大、多样、速度、价值）比较，移动大数据的核心更着重于：实时（real time）、适时或最佳时机（right time）和全时（all the time）。任何一个完整的高效服务都离不开这 3 个 T。

我们应该清楚地认识到，商业的基础正因移动互联网的普及而改变。移动终端带来的变革当然不限于数据分析，但这无疑是最为敏感的。你是否已经用全新的角度去思考移动终端业务做得好不好？在移动大潮之下，每家公司都要从上到下重新思考。不过，当数据从传统桌面计算机转到移动终端时，我们往往会遇到两大误区。

第一个误区是把手机当作一个新增的媒体渠道，相当于另一个屏幕，这是完全不够的。手机作为功能设备产生的行为数据不仅有时间维度，还有空间维度和社交维度。这么多维度叠加在一起，分析的层面和方式也远远多于传统网页。

第二个误区是用同样方式考评计算机终端和移动终端。在计算机终端上，我们更关注流量转换的指标，而移动终端更在乎的是参与度，例如用户在一个 App 的停留时间、是否愿意接收提示、版本更新等。手指信息，如点击、滑动、放大、摇一摇等在移动时代均会成为关键。

跟大数据的 4V（量大、多样、速度、价值）比较，移动大数据的核心更着重于：实时（real time）、适时或最佳时机（right time）和全时（all the time）。任何一个完整的高效服务都离不开 3T。

以零售业为例，“实时”是实时数据的获取和推送能力；未来我们将通过手机或智能穿戴设备，赢得越来越多“接触”用户的机会。这些机会将为我们提供大量的时空信息，把每一刻感知到的用户数据延续，就是“全时”。

可是，有了这种感知能力之后，你怎么知道什么时候是推荐服务的“最佳时机”呢？这时就必须要有全时的数据收集，探索用户的需求规律，从而弄清营销的关键点并做到有效触达。只有在具备 3T 的能力下，你才能明确在什么地方、什么时间点、给什么样的用户、什么样的特别优惠。因为你已经熟知用户过往的购买习惯、消费习惯，甚至行路习惯，所以才会知道明天下午一点半推荐一杯半价咖啡将是非常有效的促销方式。

最大的数据来自最小的设备。手机会变得越来越智能，它可以“感受”，可以处理文字图像，可以通过网络连接你身边的一切。这是最完美的集中，这不是一种创新，而是“一群”创新。

未来没有谁会比你的手机更了解你，它甚至会了解你的情绪，超出了自然语言。手机将成为你的数据收集者，也会成为你的数据守门员。**手机能判断可以将哪些数据分享给哪些商家，而商家自己都不用建立数据库，它的数据存于每个人的云空间，只要被授权就可以拿出来用**。这将会是用户、数据和商家之间一种全新的关系。

用数据治理数据

> 数据治理不等同于数据管理，绝非依靠自上而下的贯彻执行便可解决。相反，数据治理需要每个人的参与和协同，要求每个人都有意识去治理好数据。

2015年，我参加了“中国优秀首席信息官（CIO）评选”的颁奖大会，现场很多人都在谈大数据，其中有传统行业，有银行，也有医院。我注意到，大部分演讲嘉宾均集中讨论如何应用大数据，或是如何用数据进行创新。跟以往的很多会议一样，我很少听到数据作为原材料应该怎么管理。

你可能会说，银行业、通信行业等不是早就在做数据管理了吗？的确，数据管理并非新鲜事物，20年前就有人在做了。但在数据呈指数级增长之下，我们现在讲的数据跟以往已经不一样。不仅是数据的大小，而且包括数据的内容、来源、结构等都很不一样。以往我们可能根本不敢想象，Facebook的日均新增数据量已达到600太字节（1TB=1 024GB）了！与此同时，无数以往不可能出现的算法和应用也随之呈爆炸式增长。数据在创新，算法在创新，应用也在创新。我们不禁会问，以往的数据管理思路，能适应新形势的要求吗？

自上而下式管理费时费事

在一些传统银行，若你需要看某个数据，就必须拿着申请单找一堆人签字，最后，从一个类似医院取药的窗口中，将按照流程签满字的纸递给数据管理员。而这个管理员会告诉你，你要等几个小时才可拿到数据。因为他要从一大堆备份中找出你要的数据，加载完后才能给你。这就是传统的数据管理方式：严格按照自上而下的流程进行，甚至要做到滴水不漏。后来，银行发生了一个对他们来说具有划时代意义的改变——那个帮你找数据的管理员变成了机器人。虽然机器人的效率大大提升了，但数据管理的本质却没有变化。

在大数据时代，数据将会促成新技术的发展，以及更多新数据的产生。开放的网络环境、频繁的数据更新、丰富的数据种类，加上数据保护的需求激增、数据生态圈的物种增多、流动性加快……这些复杂多变又未知的环境，对中央式管理来说是极大的挑战。试想，若还是按照以往的方式，会出现怎样的情形？也许，数据的审批人会比数据的使用者还多；也许，数据的创新会停滞不前；也许，数据的应用价值会比现在晚几年才被发现……

数据治理需人人参与

因此，我们必须意识到，数据治理不等同于数据管理，绝非依靠自上而下的贯彻执行便可解决。相反，数据治理需要每个人的参与和协同，要求每个人都有意识去治理好数据。而且数据治理本身也可以变成应用和创新，成为更多应用和创新的“水、电、煤”。

在数据产生价值之前，不管看数据还是直接应用数据，首先都要注意：数据有没有？数据准不准？粒度细不细？是否稳定？如果行政总裁每天看的数据都是错误的，或者不是稳定产出，那么企业依赖数据的决策将付出极高代价。所以企业若不做数据治理，或者还是按照以往的思维来管理数据，那么，日后对数据的依赖越深，便可能越快出问题。数据治理的新思路，不仅是指组织结构上要从由上而下变成全体协同，而且要在技术上创新提供更智能的治理工具，帮助大家提高数据质量、保护数据安全及有效控制数据成本。

大数据时代的数据治理，一定是将有形的管理策略化成无形的智能产品，从一纸命令变成根植在每个人脑中的信念和下意识的习惯。我们要用大数据的思维方式，用数据来治理数据。

Datafication，大数据风暴中的指南针与救生衣

> 这个世界上的人、物和事正以前所未有的速度被数据化。很多过去我们以为不可能有的数据，如今都唾手可得，基于海量数据的深度挖掘及人工智能都在爆发中。

《数据新常态》(*Data Crush*)[①] 一书中提及“指数思维”，这一概念来自美国著名发明家、未来学家雷·库兹韦尔提出的加速回报定律（亦称为库兹韦尔定律），是指当技术呈现指数级增长时所需的洞察

① 《数据新常态》一书是 2014 年 getAbstract 国际图书奖获得者、商业数据系统与业务模式的设计者和创新者克里斯托弗·苏达克的颠覆力作。作者在书中为我们描述了一幅大数据时代企业创新业务模式的路线图。该书中文简体字版已由湛庐文化策划，浙江人民出版社出版。——编者注

力。这种指数级增长产生的影响力，是我们用过去的思维方式无法理解的，因此我们需要用新的思维方式——“指数思维”看待明天的变化和机遇。

短短的时间，我们从个人计算机到互联网，再到智能手机普及，激发各种移动互联网的应用，各种传感器的发明引发物联网激增，甚至最近有人提出以人为中心的“人联网”（Internet of Me）。大数据技术创新加速了很多应用创新，应用创新又反哺出更多大数据的增长。凡此种种，都在我们眨眼之间产生了大量人与人、物与物、人与物之间的数据。**这些数据经过先进的算法处理，人工智能也将变得无处不在。移动互联网、物联网甚至人联网在这场指数级变化中，担当了加速变革的重要角色，人类此刻正初次尝到“人机合一”的贴身“享受”。**就像埃隆·马斯克（Elon Musk）所说：“基于当前科技发展的速度，人类正在变得拥有上帝般的能力。”

大数据发展快，指数思维应付变化

以前我们需要拿遥控器控制房间里各式电器，现在我们只要拿着手机就能感知到周围的物理环境并作出更好的决策。例如，当我不知道从 A 地到 B 地怎么走时，手机导航可以马上告诉我路线。移动互联网、物联网和各种可穿戴设备的三种数据结合，让我们和物理环境有了更深度的关联。只要你有手机，便可跟全世界沟通，亦可跟现实环境沟通。若说互联网的世界还是虚拟世界，给人的感觉有时并不是那么真实，那么有了物联网之后，虚拟世界和现实世界将变成一体。

例如,我们通过社交网络(SNS)在线与朋友保持联系,某天中午,有一个小时空闲要打发,我看了一下我的SNS,想找个朋友喝喝咖啡、聊聊天。这时我只需按下某个按钮“我想找朋友去消遣一个小时”,手机就会告诉我现在离我最近的朋友是谁,以及附近最适合我们见面的餐馆在哪里。手机还会告诉我这一个小时的阳光很好,建议我们晒晒太阳,以及今天周围发生了什么新鲜事可以跟这位朋友聊。

指数思维让我想起了一个新词“datafication”,意思是数据化。这个世界的人、物和事正以前所未有的速度被数据化。很多过去我们以为不可能有的数据,如今都唾手可得,基于海量数据的深度挖掘及人工智能都在爆发中,数据创新、算法创新、应用创新的成果将以指数级增长扩散到商业的每一个角落,可穿戴技术和物联网的威力也将超出我们的想象。

不管你是否喜欢,大数据这场风暴已经离我们越来越近。而在这场风暴中,只有能作出深度响应的企业才可获得发展的指南针和救生衣。

让数据透过产品“说话”

有一次，我打算乘坐晚上 7 点从杭州到北京的航班，结果 7 点整，有一个提供航班信息的移动应用告诉我：航班延误了。一个小时后，它再次告诉我航班还在延误，一直到晚上 11 点。这个应用一直在给我提供信息，但是这些信息并不能帮助我作出更多的决策判断。

如果当时这个应用能够关联起更多信息，它是否可以告诉我另一家航空公司有班 8 点的航班可以立即改签飞走？即使做到这一点，这还不算是数据产品，只是把信息善用在产品上，就使产品立刻有了新价值。但是当时我并没有收到这些服务，一直从晚上 7 点等到半夜 11 点，相关应用不断提供的延误信息只是让我越来越苦恼。

信息化和数据化的区别在于，信息化为我们提供了参考，而数据化让我们可以直接行动。从参考到直接行动，这之间有巨大的差距。

为什么数据的价值没法落地？为什么眼下大量企业的数据案例难以突显价值？其中很重要的一点是，产品经理没有真正懂得数据。很多产品经理还停留在过去靠感觉来做产品的阶段，并不知道如何运用数据来改善产品，更没意识到数据已经成为产品的核心原材料。

过去的 IT 时代，我们只是简单地使用数据，很少为了解决问题而提炼过数据。为什么我要强调“提炼数据”？因为如果我们要让数据产生价值，让更贴身的数据分析框架来解决用户的实际问题，就需要将数据嵌入到产品或者生产流程当中，在数据提炼的最后一公里，让数据在产品中“说话”。

如何让数据“说话”呢？在过去的信息时代，我们最擅长的方法是根据历史数据统计规律，对行动做指引。比如，我们会统计过去一个月周五下午 6 点的车租车小费，计算出平均数，然后告诉用户“建议给小费 5 元”。那个时候，我们使用的数据大多都是单一角度且静态的数据。而现在，我们更希望得到全景且动态的数据。比如，我们可以获取不同街道的堵塞程度，从而计算司机对小费的敏感度；我们可以集合附近的天气情况、演唱会散场的时间等数据，来预测某个时段、某个地段可能成交的小费金额。这样的算法就是利用更全面的大数据，通过更多的环境动态数据，而非历史统计数据来提供服务的。

数据嵌产品，价值立见

未来，产品经理需要懂得如何用数据来增值。这其中有三个关键点：产品化、数据化和商业眼光。而眼下很多产品经理更多关注的是产品化，而忽略了数据化。

那么如何利用数据来增值呢？让数据前置。假定我需要为女儿选择一所学校，如果要等 3 个月后考试成绩出来才知道学校不合适，那样是不是为时已晚？如果我能够事先根据数据计算来衡量这所学校是否适合我女儿不是更好吗？**数据价值的关键就是数据前置，即让更多数据嵌入到产品之中，将数据分析框架应用到公司业务中，而不是停留在用统计数据做决策参考。**

也许不用很久，产品经理就会发现数据化对于产品的重要意义。数据必须和产品结合，不然数据的价值难以落地。让数据变成产品的核心原材料，是产品经理最大的难点，也是产品经理最大的机遇和想象力。

BIG

DATA

15

2016 大数据趋势

The Business Revolution

光阴荏苒，2015 年在跌跌撞撞中成了过去式。对于大数据产业来说，过去这一年冒出了很多新名词。但在我看来，真正的大数据应用和市场才刚刚开始萌芽。我希望大家先认清一个关键，那就是，所有的数据都是基于应用而产生，而数据经过采集、整合后又再落实到自身或其他应用情境中，大数据的创新价值可以来自新链接的数据、算法或者产品本身。

过去两年，大数据的成长和智能手机的普及有着紧密的关系，发挥了媒体、通信、社交及传感器于一体的功能。同时物联网的浪潮正在酝酿之中，线上与线下的接合带来了更深度的数据关联，触碰到消费者的全渠道行为收集。在一波接着一波的趋势浪潮下，很多人问："未来大数据的趋势会怎么发展？"一般来说，这种问题我可以有很多不同的猜想与观点，但是认真想想，与其给出我的答案，不如和读者分享一下我对发展趋势的思考逻辑，希望能帮助读者在自己的行业内挖掘真正有价值的发展趋势。这部分内容不是手把手教读者“捕鱼”,而是传授给读者一点有关“鱼竿”和“钓鱼”的知识，让读者有能力在趋势大海中猎捕属于自己的大数据观点。

变是唯一的不变

> 在大数据的长期发展趋势中，有 6 大趋势依然是我们如今生活的一部分：应用无线化、信息数据化、交易无纸化、人类智能化、决策实时化、线下线上化。

说到趋势，人们往往习惯从改变的现象做观察。如果我们把视野格局放大，在大数据的长期发展趋势中，找出变化的本质，反倒让我们更容易看清楚动向。所以，从这个角度出发，我至少可以看到，未来的两三年内，有几项已经存在的情况正在过渡中：

- 应用无线化；
- 信息数据化；
- 交易无纸化；
- 人类智能化；
- 决策实时化；
- 线下线上化。

上述这些趋势不必赘述，其实已经是我们现实生活的一部分了：应用无线化，提供了更大的便利性与移动性，让终端设备与资料采集的作业可以更为弹性而有效率。信息数据化，让信息的流通、交换、加工、运用更趋标准化及结构化，数据处理时代数据的应用变得更即时直接。交易无纸化，彻底地改变了我们交易行为与资金流，并赋予未来微经济商业模式更多创新思考的可能性。人类智能化，描绘大数据所产生的创新价值如何与人类交互并深入生活之中，人的思维与新科技将会遇上前所未有的碰撞。人机协作是个新的机遇。决策实时化，透过大数据实时采集及加工改变了决策与信息的关系。过去，我们假设数据不能低成本获取，难以达到决策的实时性和精确性。线下线上化，也就是大家热议的全渠道议题，未来仍将呈现线下更多运用线上数据的趋势，未来，线上与线下将连接在一起，不能分割。

这些本质上的转变会持续好几年，上述这 6 大趋势会在各自的体系内深化发展与创新，而大数据的发展趋势集中在两个方向：首先，其价值体现会落地于各行业当中，数据技术会成为各行各业的优化工具或催生颠覆性创新；其次，大数据本身的发展也会被自我颠覆，数据的采集、更新、识别、关联将会变得越来越自动化。落后者将会是那个被超越与淘汰的输家。

跳脱惰性的乘法思维

> 大数据的创新循环链中的几个阶段不是线性的延展，而是一个滚动的闭环。循环后的数据源以及能够解决的问题会逐渐稳定下来，形成一种全新的服务或方案。

每一个理论的产生，都是为了让我们更容易去解释各种现象。趋势的变化可能会受到很多商业与政策背景的影响而有不同形式的呈现，但是背后的原则或者说脉络要能够经得起重复的检验。所以，我试着用所谓的大数据生态循环链来描述这个趋势（见图 15-1）。

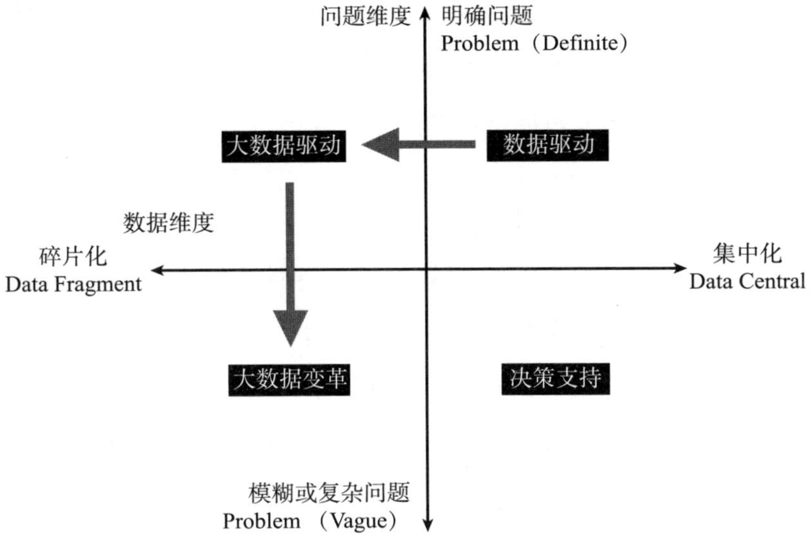

图 15-1　大数据创新循环链

图 15-1 所定义的两个维度恰恰是我一再提到的观念：大数据是被需求所驱动的，而需求来自于对现有已知或未知问题的解决。所以在纵轴上，我将问题区分为明确的问题（Definite Problem）以及模糊或复杂问题（Vague Problem）。这说明，在大数据落地应用前，我们要弄清楚需要解决的问题是什么。横轴是定义大数据在原料端的呈现形式，一端是条理清楚的集中化数据，而另一端则是结构模糊的碎片化数据。

在了解了基本定义后，我对大数据趋势的发展基本上可以用图 15-1 来阐述。首先，所有的数据应用都是从第一象限“数据驱动”开始，这部分的数据集中而且要解决的问题很明确，已经可以开始运用数据来优化我们的决策。在这个阶段可以发现人的惰性，以至于没办法把数据作为他们的核心竞争力，毕竟这些人手边不是没有数据，而是不知道或是没有很积极地用数据来解决问题，所以通过数据驱动让这些人把手边的数据用起来，尝试去解决一些老问题。

随着数据不断地快速增加，很多碎片化的数据或其他冗余的数据开始加入，这个时期我们可以称为“大数据驱动”。是否能够应用来自第三方的冗余数据来解决自身的问题，这是辨别进入大数据应用领域与否的重要判定基准。然而这个阶段面临的挑战是来自决策者过去的习惯以及数据人的惰性。我们要了解在第一和第二阶段，数据处理所需要的能力是很不一样的。因为在这个阶段，数据零散，我们有一套新的方法来收集、加工不同数据，所以在第二阶段我们常只听人家讲，但没什么产出。因为处在这个阶段两边都不习惯。商业的人说我不习惯用数据做决策，数据的人说我们也不习惯用很零散的数据来试图稳定地解决问题。

从第一个阶段到第二个阶段，我认为都还是加法类型的演进，可以称之为连续性创新，即让之前既有的东西做得更好，而且是基于以往的经验叠加上去的。等到了第三阶段的“大数据变革”，我们将面对模糊的问题、碎片化的数据。过去我们不太习惯、还不清楚问题的时候，就使用数据来找出问题所在，这时，我们往往会陷入一种矛盾，数据零散、混乱、没标准、不规范，问题也不清楚，究竟该怎么办呢？毕竟这两者都超出了过去的习惯与经验法则，然而这里恰恰是人类未来要变革的地方；不同于前两个阶段的加法逻辑，第三阶段开启的是乘法思维。透过模糊问题与碎片资料的碰撞，我们将会看见新的问题与新的机会，我认为这部分才是大数据真正的价值所在。

最后，我想强调的一点是，这几个阶段不是线性的延展，而是一个滚动的闭环。因为第三阶段碰撞出来的问题与机会，经过系统化的验证与标准化后，我们所需要的数据源以及能够解决的问题也会逐渐稳定下来，形成一种新的服务或方案，接着再次归回到数据驱动的解决层次。也正因为这种特性，我将其定义为大数据的创新循环链。

稳抓趋势中的观战重点

> 不同行业对大数据的应用各有侧重和不同，只要抓住重点，仍然能从中挖掘商机，获取收益。

前面讲了趋势的架构和思考方法，最后我还是忍不住要跟读者分享几个独门观点，让各位在各自行业中观察大数据趋势的时候能够很快抓到重点，可以让各位不光跟着看热闹，还能从中看出创新商机的门道。

数据安全问题

2015 年数据安全事件频繁发生，随着全球各个国家开始采用新的数据安全技术和新的数据保护法律法规，2016 年对数据安全的监督要求会变得更严格。大家对个人隐私的保护比商业机密的泄露更为关注，已经到了没有一个政府或企业不关注的时候。但是数据安全背后代表的是数据开放的风险与疑虑，当数据风险没有办法有效地管控并建立个人对数据的信任感时，这对正在发展中的大数据产业来说将会形成一种阻碍。

个人隐私、公司机密乃至于国家和国家之间的数据保护，都将会是2016年快速成形的趋势。当数据成为商业重要且关键的资产时，随之衍生的可能会是像“首席数据隐私官”这样的职业。或许很多人会觉得匪夷所思，但是我相信到2016年，很多拥有大量数据的公司都将把首席数据隐私官视为一个重要而关键的角色。

数据分析的简化与外包

讲数据分析工作的外包，其实是一个概念上的举例，其实我要谈的是大数据背后将会形成的产业链分工，这是一个值得大家关注的发展趋势。随着大数据应用的落地，很少有哪个企业可以独立完成从原始资料采集、加工、分析乃至于落地应用的完整程序。这意味着，未来将会在不同的数据处理阶段都有机会发展出专门的技术公司，以协助企业完成大数据实务应用前的准备工作。

回想我们前面提到的大数据创新循环链的概念，每一次大数据变革阶段激荡出新的问题与机会后，当这些新的问题开始聚焦，同时对应的数据源也趋于集中的时候，就代表一个新的产业链机会随之产生，这些中间层的服务与创新对大数据产业的发展将扮演至关重要的角色，同时其中也蕴藏着可观的商机。

政府对数据的态度

从整个数据的地图来看，政府其实是拥有最多数据的“财主”。因为政府锁定了很多公共服务领域的关键数据源，这是公共数据开放的大资源，也是一把大数据驱动的金钥匙。政府的数据涵盖能源、金融、交通、治安、医疗、环境、食品等不同行业，这些数据都是相对集中又非常重要的。

所以，政府数据的开放是促成产业创新的催化剂，这意味着政府的大数据政策对整体数据产业的发展有多么关键。2016 年我们可以期待政府对公共数据开放的态度，而各个行业也可以跟随政府数据政策的脚步开始尝试练习，进入大数据驱动乃至于大数据变革的第三阶段。

多屏时代

过去的两三年，我们看到电脑被手机颠覆了。那么手机会被颠覆吗？虽然短期内还不知道，但我可以预见有两个新的屏会出现：一是智能电视，二是物联网汽车。智能电视是你家里的屏，收集你看节目的数据与推荐你喜欢的节目的数据形成了天然的数据闭环；物联网汽车则是第二个非常关键的屏，将来所有汽车的内部都会像特斯拉一样，一个大屏会控制汽车的每个部分并记录汽车行驶中的各种数据，因此产生信息的流动。

最近爱立信公司针对全球 40 个国家、10 万名消费者进行的一项未来载具的调查，研究结果显示，超过一半的受访者都认为智能手机将会在 5 年后被淘汰，取而代之的是具备人工智能的新设备。如果你问我会不会有第三或第四个屏出现，我的观察很简单，即从两个层次的分配来思考这个问题：时间分配（Time Share）和载具分配（Device Share）。人在不同的时间段会因为当时的环境状态不同而对不同的设备有不同程度的依赖：在家的时候，对于智能电视的依赖就会比手机高些；当我们离开家，往下一个目的地移动的时候，在公共交通工具上我们需要的是手机，而如果是自己开车，车载导航或是行车电脑的屏幕就会成为主要的关注点。

所以，说实话我不太在意5年后我们拿在手上的那块屏幕是否仍是手机，我更在意的是：**人如何与那块屏幕进行互动，以及互动的过程中我们如何采集到有价值的数据，并进一步对使用者的日常生活作出优化的回馈。**

数据趋于行业化

所有大数据的落地点都是在行业里。过去我们看到互联网影响比较大的行业必然容易数据化，已经冒出头来的有金融、医疗、电商等行业。下一步的大数据应该是不同的领域各自发展，不会有一个全盘通吃的方案转移成为每一个领域的解决方案，不管是零售、医疗、教育、金融等行业，都会受到中国“互联网+”的带动而发展。这是对等的，因为很多小公司刚起步，产生了很多小数据，这是一个从0到1、然后整合碎片化的数据、最后再到积累大量数据的三步进程，这三步进程的时间点加上不同的应用，铸就了行业大数据。

另外一方面我们可以观察到，大数据未来将会从过去的浅层联结（weak link）转变为深层联结（deep link）。在大数据由浅而深的演变中我们可以发现，过往大家在看待网络的时候都习惯从行业为出发点，思考网络（数据）可以帮自己做些什么；等到互联网和大数据的时代，是时候做些颠覆性的改变了，要尝试以网络（数据）为出发点切入思考，再把行业的思维放进来碰撞，看看可以激荡出什么样的创新思维。就好比Uber、Airbnb都颠覆了传统行业运用网络的概念。这种思考与创新的方式才能将跨行业的东西提炼出来。

提到行业，我简单提几个比较显著的发展，来看看未来行业怎么看见中间层的机会，然后从中看到新的问题与创新机会点。

金融业与保险业

如果要我用一个字道尽金融在大数据时代的机会点，那就是“微”（micro）。**过去很多的创新都被技术和数据的能力所局限，而未来数据的采集、加工和应用都将实践个人化的价值，将会激发很多新的金融商业模式**。其动态的意义一方面体现在对金融保险体系中客户的掌握：因为过去个人信用评比往往无法有效地反映最新的个人信用风险，导致银行或保险公司不能够给最符合顾客需求和利益的服务。另外一层动态意义在于，解决服务合理性的问题，也就是当顾客使用服务的时候才被收取费用。

BIG DATA

数据分析实例

过去，我们对汽车保险的保费设定是基于客户过去的驾驶肇事记录来调整保费费率，其背后所代表的意义是：这个汽车保险的游戏规则维系在投保车主的驾驶安全行为上。但是认真想想，肇事记录已经是一个相对落后的指标，在大数据时代难道没有更动态的数据可以来预测危险驾驶的风险吗？当然有，而且来源还不止一个。未来的汽车都会像特斯拉一样，车上的传感器会记录驾驶员怎么踩油门（比如，习惯性的紧急煞车就反映出一种危险驾驶的信号）、变换车道的时候是否打开了转向灯、是否会总是频繁地按喇叭等，这些信息都从侧面反映了驾驶员的驾驶习惯是否安全。如果把这个驾驶员的行车路线数据比对到政府公布的危险肇事路段数据，这样就可以知道这辆车每天上下班的路线属于怎样的安全等级。综合以上这两类数据，即便没有肇事记录，保险公司仍能根据这些数据来动态调整对这台车的风险评比，并随时机动地调整保费费率（动态费率）。

……………………………

同样，如果车险是为了确保用车人在驾驶期间的风险，那通过车辆传感器，就可以清楚地知道这辆车有多少时间是停在车库、又有多少时间是在被使用，所以保险公司可以根据车辆实际承受风险的时间来计算保费，并向客户收费，这就实现了前面提到的动态计价。

医疗行业

医疗当前所面临最大问题是数据不整合。例如，我在 A 医院看病却拿不到之前在 B 医院的就医病历。另一个大问题是，中国人口老龄化问题导致了严重的医疗负担，只要一生大病就没钱买药或就医。只有想办法降低医疗成本或药物成本，减少滥用资源等情况，才能从根本上减轻政府负担，把资源分配到真正需要它的人手中。

美国福特公司的 30 万员工每年享有高达 30 亿美元的医疗保险预算，但这笔钱过去只有一个人在管。1997 年，福特公司采用他们第一个数据应用分析之后发现，竟然有人 150 岁了还在领医疗保险，有人一年领两次怀孕补助，等等。这些都是资源的浪费，如果不通过数据分析，福特公司可能永远也不会发现这样的谬误。

医疗是一种连续性的行为，一个人从健康、亚健康乃至于疾病的阶段都不是突发的，背后都有遗传或是生活习惯、饮食习惯的脉络可循。**医疗数据的互通可以让医生了解这种疾病和那种疾病间的关系，很多疾病的危险信号常常因为信息不通而被忽略，导致没有办法在第一时间察觉，最终延误治疗。**美国就曾经通过传染病传播数据预估，提前预测要生产多少疫苗以及各区的疫苗使用状况，从而对疾病的防治带来重要帮助。

零售业

对零售业来说最重要的就是如何利用数据，把供应与零散的需求做匹配。大数据让卖家知道消费者心里面要什么，让卖家以最快的途径找到消费者想要的东西，同时给予消费者最好的价格，并使用对消费者来说最方便的方式付款，最后在恰当的时间送达，这样的卖家才是赢家。而从供应方来看，如何用最小的库存、最快的方法、最合理的利润率来满足消费者的需求，从而使供应链的处理变得更好，成本浪费减少到最低。

以数据驱动为基础的线上零售发展已经有十几年了，那么线下将来会出现什么情况？当信息点（Point of Interest）技术逐渐成熟，人人手上都有一部手机，处处都能发挥大数据的联接能力，时刻都是机会点。但是人们不会特地打开某个 App 来购物，即便线上购物很发达，它在某些时候仍然不是最方便的购物渠道，因此，改善零售用户体验形态最好的方法就是覆盖全渠道。对零售业来说，最好是线上线下都能盖到，只有线上的 App 是不够的，最好连线下的渠道都能拿到，不然很容易被别人“弯道超车”。**所以全渠道的打通和合作策略是零售业在 2016 年要关注的第一个重点。**

我还想谈谈“推荐”。现在我们可以在同一时间享受多种服务，浏览多种产品信息，当几十万个跟你有关的商品展现在你的眼皮底下时，你要怎么选择？主观上大家都希望可以自己选择，有这么多选择的时候，选择本身反而变成了一种负担。因此，未来的“推荐”应该是游离于“优选”与“逛”之间。大数据让手机变成个人消费助理，不断跟着消费者走，也不断领着消费者走，手机成为商家和消费者之间的一个媒介。

我最后要谈的是作为零售业根本的生产问题。数据是不是可以成为产品创新和改良的依据？观察并不断优化从设计到生产、包装、销售、售后等过程，最终能够生产出符合顾客需求的商品。虽然是老生常谈，但仍然需要强调：**大数据时代对零售业来说不是一个单纯的转型问题，而是一个攸关生死存亡的问题。**

走出大数据和小数据的迷思

我们谈了许多有关大数据的趋势和观点，最后我想用一个思考性的问题来对这些趋势做个总结。每次讲到大数据，大家总是喜欢在数据大小这件事情上争论不休。那么，数据的大或小究竟对我们意味着什么？

简单来说，企业对数据收集的认识发生了从量到质的转变。越来越多的公司意识到他们收集的大部分数据除了占据存储空间外，并没有发挥太多作用。慢慢地，企业在决定要收集哪些数据的时候，不再像以前那样粗放，不再觉得数据可能有用就先收集了再说。过去，人们把太多的注意力放在了大数据本身，所以忽略了一个根本的问题，即当有稳定的数据提供给你时，你会用它来解决问题吗？当集中的小数据还未被利用起来，可能你对问题、对商业的理解还不够透彻。因此，很多大企业理解了这一点之后，不再迷信大数据，而是更踏实地收集一些对解决企业当前问题有用的数据。不少企业对大数据的态度从 2016 年会开始变得更谨慎，而且走向专业领域。

跨进 2016 年，不用再斤斤计较于大数据的词义，要将关注点集中到怎么样看待问题、看懂问题，然后试着通过数据思考，并最终落地实践。这才是很多企业应该认真思考的下一步。**请记住，如果每个人都不去实干，而是一味地谈论趋势，那么这些趋势最终也不过是路边算命先生的信口开河而已。**

BIG
DATA

结 语

开启属于你的个人大数据管理

The Business Revolution

过去几年，数据分析师们问我最多的问题是，如何才能具有全局观，洞悉一切。而普通人问我最多的问题则如何才能保持幸福快乐的生理和心理状态。

这一切的答案要从“命运”开始说起。

我一直认为，“命”由天注定，而“运”是可以改变的。人生绝非宿命，公司和个人并无二致。人一生下来，身体素质、DNA 和天赋往往都是注定的。而“运”呢？却是不断的选择和决策所组成的。

“命”就像一辆离开流水线运出工厂的汽车，它的质量和耐用程度从走下流水线时就被注定了；“运”却是这辆车后天所开辟的道路，大路与小路不同，每一条路选择得对或者错，对人生的影响或大或小。有时，小路也能使人生出现极大的转折。机会错过了永不复返，挫折也未必不能避免。

在我看来，成功路上，有 4 种东西是可以积累的，分别是财富、人际关系、知识以及思维方式。前两者，大多数人都能够直接明白。比如，没有钱很多事情都办不好，多个朋友多条路。第三点知识说的是人从小学、中学、大学以及进入职场获得的各种知识和经验。在现在的职场上，每个人的竞争能力及赚钱能力，大都和知识有着直接关联。

而不被绝大多数人知觉的是第 4 点——思维方式。**思维方式与你所做的选择和决策密切相关，冥冥之中决定了“运”的走向。**当下，我们生活在大数据时代，各种数据充斥在我们的生活环境里，每天都能收集到来自自己所见的文字、影像、声音等，以及来自各方面的信息。而在这样一个信息泛滥的环境里，很多人完全没有关注过如何积累、分类及使用当前越来越容易获得的大数据，更别说让大数据变得能为个人所用。

数据的积累，从收集到还原

有的人每天都会在同一个十字路口迷路，也就导致其每天都会迟到 10 分钟。那么，为什么会出现这样的错误？这是因为他根本没有重视数据的积累，也没有想过使用这些数据去产生什么价值。在我们之中，绝大多数的人对事物的态度也只是观察，却不会思考。**而我的做法是，我要对数据做一个积累，我要对我所在行业中呈现出的信息进行积累。**

这是一个有限时间和无限大数据进行博弈的时代。如果没有积累数据的意识，没有培养自己数据化思考的意识，改变命运真的就成为一种投机行为。

古语有云:“人无志不立。”如果你有志向,你就会知道自己应该积累什么样的知识、什么样的财富和什么样的关系。如果你进行了大数据管理,到了某个阶段你又有了很好的数据化思考方式,你会发现财富、关系和知识的积累完全能够为你所用,到那时你的人生就会有很大的不同。

至此,你应该已经感觉到了这本书前文所讲的大数据内容,其实完全是可以为个人所用的。我可以用我的经历来举例,我相信,如果你现在开始用大数据的方式来管理个人知识,开启个人大数据的积累,不超过6个月,你就会发现自己开始变得大不一样了。

做好个人大数据管理

我现在每天早晨四点半起床,熟悉我的人都知道我每天早上必做的一件事情是“品觉晨读”。做“品觉晨读”这件事情大概有6年了,它是我个人大数据管理中的数据收集“工具”,就好比运营数据时的“养数据”概念。

今天,如果你开始关注某一领域,想对某一种知识进行积累,在开始养数据的过程里,你会如何开始呢?这就是一个棘手的问题。没有人能够在第一次做运营数据的时候就知道这个数据是好的、是对自己有用的,或者知道什么数据是不好的、是对自己没用的。就像开始做企业大数据时,我根本不知道哪些数据一定有利,或者在未来可能对我产生重要的价值。

所以，我一开始会把每天关注的那些数据收集回来，放到我的印象笔记里。为什么我要选择它呢？因为它可以方便我做数据管理。

- 它能够方便我用各类终端，包括手机去收集数据；
- 它能够把每一份收集回来的数据进行分类及打标签（结构化）；
- 它能够方便我将数据随时随地地调用出来。

时至今日，在我积累的数据中，已经有超过上万篇关于过去我经验中的 PPT 及早上收集的电商新闻，如果没有一个非常好的分类/标签管理体系，我如何才能做到这一点？**所以，要完成这个大数据积累的闭环，要求放进去的数据，一定要能够非常快速、实时地调用出来。**我一直在训练自己怎么使用两三个关键词就能够让我在 10 秒钟内调出我积累的有效数据。当我想要使用数据帮我做决策时，有效的数据就在手边，这个时候运营数据，即养数据，就已经产生了作用。

现在，我每天依然在继续收集数据，在这儿我可以透露一下我自己的一个数据收集的“狠招”。在我的微博关注里，我按照两个维度来分类我关注的人：一是他们懂什么东西，即有什么特长；二是根据重要性，进行 5~20 分钟，或者 45 分钟关注度的划分。这样划分的意思是，如果今天早上我只有 5 分钟，那我就只看重要朋友发布的信息；如果我有 10 多分钟，我会把重要性为 5 分钟和 20 分钟的朋友发布的信息都看完。

从收集数据的角度来看：首先，我在选择有效的数据源；其次，我有重要性的选择，所以我能很好地控制我的时间。每天我做完这些数据收集的时间大约是一个小时，时间久了，现在我对每个数据源甚至提供数据的记者的能力都了若指掌。某一个学者的观点是怎么样的；腾讯的记者能力如何；哪个网站周六日是不用关注的；凤凰网比较勤奋，周六是有人上班的；腾讯网最努力，每天都有新闻。甚至，各家媒体参加了哪些会议，这些我都知道。

我现在已经对数据积累与决策质量之间的关系具备了一种直觉，所以我开始对电子商务有“觉”了。这一过程就如同前面所说的内三板斧中的“混、通、晒”，我每天“混”在电子商务的环境中，不断吸收和寻找规律，这是“混”；每天我将收集来的数据和我每天所处的电子商务场景进行打通，则是“通”；至于“晒”，就是这些数据如何影响到了我在工作中的决策。

2013 年年底时，我听到一些数据分析师在讨论年报，他们不断地在讲 2013 年阿里巴巴的年报。我问他们有没有看新闻，我们的竞争对手最近有什么新动作，做了什么？京东的 CEO 刘强东想做什么？新闻是真的假的？你们关注了吗？所以，孤立地讨论这一报告是没有意义的，因为他们并没有将场景融入其中，只讲阿里巴巴自身，报告的意义也就无从谈起。

当然，在运营数据和数据化运营的这个闭环里，我们一定要假设一切都在变化，一定要去关注还有没有一些新的数据收集源头，现有的数据源会不会出现问题，我还有什么新的数据源头是缺失的。比如，近年来兴起的虎嗅网这样的新媒体，比如 199IT，比如特别喜欢发表大数据文章的人。我作为一个所谓的“大数据专家”，怎么可以不知道这个领域里谁有料、谁没料？谁是人云亦云的呢？

这就像和行业内的高手“过招”，我们在积累的过程中是在动态中不断迂回地走向目标的，是不断地衡量这个行业中的变化的，就像李小龙一样在和高手博弈。

个人大数据管理的挑战

在“养数据”的过程中，关键词标签是进行数据管理最重要的工具，透过标签我们可以快速定义一篇报告的内容，而数据每次调用的顺畅情况则可以用来衡量这一标签是否有效。

在我们的个人大数据管理中，最常见的关于标签的矛盾点是，你给某篇文章贴上了标签，但这个标签却是一直动态变化的。过了一段时间，你会发现这个标签失效了，而它在你当时设置标签的时候却是正确的。举个例子，你给某个朋友贴上的标签是“美女”，但是过了 10 年后，她老了，你这个“标签”就失效了，就又要进行升级了。我们把这个现象叫作标签的生命周期。

标签失效后，你需要重新更新索引，而这个过程所花费的力气非常大。多年来，我不断地去寻找对应电子商务有关的标签，以下是我总结的 3 点经验，可以分享给大家。

- **越有效的标签就越能让我快速地调取数据。**标签的用途多样，比如做知识分类的、识别来源的、情景和人物描述的以及表明时序的，等等。
- **要注意知识范畴的培养。**例如，在电子商务中，我运用了各种分类标签，其中有行业标签：B2B、B2C、C2C、外贸 B2C、外贸 B2B，最新的还有 O2O；技术支持方面的标签有大数据、营销方法、用户体验、微营销等。

- **场景的标签我把它分为公司与人物，再加上时间。**

可见，由时间链、共识面（公司、人物、来源）、知识体系（标签）和格式（内容）所构成的一张知识图谱是解码决策分析的依据。表 16-1 是我做数据分析时使用的知识图谱的部分内容，以供参考。

BIG DATA

数据分析实例

表 16-1　　各大电商平台的知识图谱

收集时间	公　司	人　物	来　源	电子商务	格　式
过去两周	淘　宝	马　云	新浪科技	B2B	行业报告
3 个月内	天　猫	马化腾	Techweb	B2C	数据分析
6 个月内	京　东	刘强东	腾讯科技	C2C	新　闻
6 个月外	1 号店	陈　年	艾　瑞	O2O	
	唯品会		易　观	物　流	
	凡　客			移　动	
				社会化	
				大数据	

试想，你正需要马云一篇关于物流的文章中的数据做参考，你回忆起来这好像是上周的某条新闻。所以，要调用这篇文章的维度就是：过去两周 + 马云 + 物流。

再增加一个维度去看的话（共识面），就可以用“过去两周 + 物流”去看在这两周内还有谁提到了“物流”。

你会发觉数据标签中有些是比较历久弥新的，即生命周期比较长的，比如人的名字，不论这个数据从哪儿来、在哪里、谁说的，都不会对数据标签产生影响。但有些标签是对趋势的界定，则需要经常地总结或细分。

收集到的数据我都会如上述这样贴上标签。当要调取数据时，我会在心里问一下数据的来源是哪家媒体、哪个人、什么时候获取的。这样一来，时间线和来源就成了我锁定想要数据的重要线索。

从另一个角度来说，当我想知道亚马逊在物流中的新动向时，我会先锁定物流行业和公司标签，再配合时间线做决策。如果我想到"大数据 + 周涛 +3 个月内"，我根本不用想文章的细节，就可以将之调取出来。这就是大数据带来的改变——我们只要记住几个标签作线索，就可以轻松调用一万篇文章内的 0 数据。

但千万不要觉得你可以一劳永逸了，因为这些标签会随着时间推移而"失效"，这样数据管理就成了重要的一环。数据分析师都有"变态"的数据洁癖，他们对数据的来源极为看重。所以，我对人和公司区别对待。人是特别的，可以离开某家媒体和公司，是流动的，但如果我将数据管理定位在人之上，就表示我认为人更重要。如果定位在了公司和媒体的背景之上，那么公司或媒体就更重要了。

这就是变化。**在大数据的世界中，没有人要求你懂得细节，也没有人要求你成为一名数据分析方面的专家，但是要求在你需要拿到一个专家的数据时，能够快速地调用出来。能做到这一点，你就已经突破了人类短时记忆的短板，真正成了一个很成功的人。**

这也正是过去6年里我做“品觉晨读”的原因。“品觉晨读”一方面是便于我自己做个人大数据的知识管理，另一个目的就是提醒我这个数据化运营和运营数据的闭环系统不能出现中断，提醒我要坚持不懈地把这个循环维持下去。而且，“品觉晨读”也在不断地给我反馈，比如，我发完微博后会有多少人转发、多少人评论、多少同行专家帮助我一起优化我的大数据内容和标签。这使得我做数据收集的时候，也就了解到了数据收集源头的重要性，通过借助别人的力量让你的数据收集变得更加有效，即：**在社会上过滤。**

当然，“品觉晨读”的文章只是我所收集文章的一部分，在我经历过多次数据化运营和运营数据的循环之后，我可以快速地知道某篇文章是不是对我有价值的，这加快了我收集文章的速度，但是这个快思（加快判断）也同时很容易出现盲点。为了减少盲点，每当我怀疑自己的判断时，就会列出一部分可能出现盲点的文章放在微博里，其他人自然会告诉我哪些是有用的，然后我会再观察这些数据，甚至还可能从中找出新的数据分类或标签。

人人都能成为数据分析师

个人的大数据管理，我已经做了6年，过程中困难重重，但就像大数据管理一样，不能因噎废食。我保证，只要你开始用这个方法去做，在3个月后，最晚也就是6个月之后，你会变成另外一个人。

《思考》（*Thinking*）中有一个例子和我的思考以及我在6年间所做的事情极为相似。书中说，如果你把某个人的左眼蒙上3天，3

天之后，从医学的角度来说，他左眼相关的大脑部分，会发生退化。这个意思就是说：**眼睛与大脑是互相影响的，你看到的将影响你的思考，反过来你的思考方式又影响着你看到的东西。**

所以说，如果你6个月内不断积累知识，你会发现你的思考结构发生了改变：**不仅仅是知识量上的改变，更是思维方式的颠覆式改变。**这是因为你收集数据的方法已经不一样了，你积累的东西也不一样了，你变成了另外一个人，你会觉得你"混"得特别好。

也许你已经跃跃欲试了，但是我从这几年的经历中提炼出了一些建议，希望能值得你关注。

首先，你所选定的题目一定是你感兴趣的，或者跟你的职业相关的。比如你喜欢宠物，你要成为养猫的专家，你就会每天收集养猫的数据，当别人问到怎么养猫时，你就能很快地知道某个专家说过相关的内容。

其次，个人大数据管理和做大数据一样，一定要从小处着眼，比如说你的目标是要成为电子商务专家，这个目标在一开始就显得过大了。从我来说，一开始，我只收集海外出口的相关资料和数据，在这个小领域里形成了一个小的大数据循环，然后走熟这个循环，再涉猎手机支付行业方面，然后是C2C和B2C行业等。在经历过小的循环之后，我才允许自己去观察别的领域。现在，在别人眼里，我是一个数据运营的专家，其实我也是这样"混"出来的。即便是现在，我也在一直训练这个循环。

再者，就是尽量让数据的收集变得简单。当你发现有用的知识后，一定要跟自己说，不要多做思考先收集，现在就收集，不是明天，更不是后天。有人在讲 PPT，有价值的内容立即拍下来，而不是待会跟他索要 PPT。**知识的收集永远都是“现在时”，**而且这个操作越方便越好，越快越好。我的收集就很简单，设置一个热键一下就能够将数据抓取过来。

最后，你一定要把这个“运营数据 - 数据化运营 - 运营数据”的循环打通成闭环，也要利用今天社会化的优势，学会借助别人的力量。我认为这才是真真正正的大数据管理——形成一个有效的循环，形成一个可以不断获取数据和反馈的动态循环（参见前言图 0-1）。可见，个人大数据管理能够为个人产生力量，让知识形成积累，成为你在人生道路上，从“命”到“运”最重要的分水岭。

现在，除了我自己这样做知识和数据管理，我还想让我的助理也加入到这个循环系统中，只要这个方式的方向正确，做好了协同，我甚至可以找 8 个助理一起用同样的方式转动这一循环。而我，只需要做一个步骤：问他一个问题时，我该用什么关键词。我就相当于新建立了一个知识体系，建立了一个新的循环，我和我的助理就是我们这个圈子大数据知识的协同者。

无论如何，我们的人生是要想尽一切办法来积累知识。首先要明确积累的目的，之后才是积累的方式，最后才是如何调用积累的东西，以及明确其是否影响了我的决策。只有对这一数据有感觉的时候，才能对自己的职业产生影响。

这样下来，我坚信在两年之后，你就可以成为某个领域的专家，而且这套方法论是可以被复制的。从今天开始，如果我喜欢猫的话，我要成为一个精通如何养猫的人，我只要按照这套方法论去做，我想两年后，大多数人没法在相关的知识领域跟我相比，因为我有一套积累知识的系统方法。如果这个例子得以复制，就将会有一大群人跟我一样，那我就创建起了一个联盟。第一天，收集、决策、行动、管理；第二天，继续收集、决策、行动、管理。每天都这样实施，开启你个人的大数据管理，改变你的知识积累和思维方式，成为一个能够掌握自己未来的人。

后　记

像李小龙的格斗一样去思考

BIG

DATA

The Business Revolution

每个男人在小的时候，心里总会住着一个武打明星，也会或多或少地做一些武侠梦，幻想着自己能够天下无敌。我小时候崇拜的偶像就是功夫巨星李小龙。他不仅是一个电影明星，更是一个武术大家，他用他的功夫开创了一片武侠新天地。

李小龙对功夫曾经有过这样的描述：

功夫是一种特殊的技巧，是一种精巧的艺术，而不是一种体力活动。这是一种必须使智力同技巧相配合的精妙艺术。功夫的原理不是可以学得到的，它好像科学一样，需要寻求实证，而由实证中得到结论。

在经过四年严格的功夫训练之后，我开始了解，也感觉到柔能克刚的道理，也就是如何消除对手的力道，减少自己力道浪费的手法，而这一切都必须先求得气定神闲。话听起来很简单，但实际做起来却很困难，一旦和对方交上手后，我的思想就再也难以保持清明而不受扰乱的状态。尤其是在对过几招之后，我就忘了柔的理论，唯一想到的只是不管怎么样我也得打赢他。

“以无法为有法，以无限为有限”是李小龙创立格斗术“截拳道”的纲领和要义。他认为这种方法不固定的格斗术的精髓正在于在动态中制胜。他认为，稳定应该是在动态中的稳定。而之所以要保持动态中的稳定，则是因为任何的格斗都充满了不确定性，如果只能做到特定环境下的静态稳定，那么在瞬息万变的格斗环境中一定会出现逆转的机会，而这个逆转通常就是失败或成功的关键。对动态中稳定的关注，目的就是希望能够把在环境中不确定的东西变得相对确定及有规律。

如果我们把格斗泛化一下，则可以将其推广到商业的博弈中；如果把李小龙的格斗术泛化一下，则会变成一个非常重要的商业方法论。

忘掉必杀技

很多人在刚刚开始学习一个全新内容的时候，总会很崇拜老师高超的本领，常常会迫不及待地问他们：“有没有什么能让我快速达到您这样水平的绝招呢？”答案是否定的。从经济学的角度分析这件事情，你也会发现这个世界上其实并不存在轻而易举就能获取的绝招。试想一下，如果轻而易举就能获得绝招，那结果是每个人都可以获得所谓的绝招，**当人人都有绝招的时候，绝招就再也不是绝招了。**

在我和一些电商讨论运营数据的过程中，也经常会被问到类似的问题，比如，“我的首页该如何改版”“我这个按钮应该放在左边还是右边”“我该观察什么数据”等。其实，这些问题都是追求必杀技的一种问法，而且这样的问题都是没有固定答案的。所以，从现在开始，忘掉必杀技吧，因为世界上永远没有必杀技。

如果没有必杀技，在与高手过招时该用什么招术呢？招术就是针对对手出的招反制他的招，这就是有用的制胜技。所以，当我被问到“首页该如何改版”时，我肯定没有绝对的答案，我可能会反问：“你们公司的首页主要起着什么作用呢？”当我被问到“按钮是放在左边好还是右边好”时，我会接着就问：“放在左边和放在右边的区别是什么呢？”当我被问到“企业该观察什么数据”时，我的问题就会变成：“你看数据的目的是什么？”只要问我的人给我的答案是不一样的，那我给出的建议肯定也是不一样的。如果我得到的答案还不足以让我获得足够的信息，那我就会针对答案不断地提出新的问题。

为什么我要不断地去问问题呢？原因很简单，就是我想知道问题到底出在哪里，以找出每一个问题背后不一样的原因。这个过程是我在思考问题时常会用到的方法论，我把它称为“迂回”。

在迂回中寻找落地点

迂回，不是直奔一个目标，而是通过不断地寻找落地点慢慢行进。可能某个目标看着很简单，似乎马上就能实现，实则可能是困难重重。在格斗中，每个人都知道击中对手要害的重要性，最终可以以“KO”获得胜利，但是如果直接出重拳击打对方的头部，那一定会被对手防死，反而会使自己露出很大的破绽，让对手有机可乘。所以，很少有比赛能够出现瞬间击倒对手的现象（除非强弱分明），高手们都是在不断的尝试过程中发现机会的。

有一次，我在和一个电商的管理者交流，谈到了购买流程的问题，他问了我“该突出‘立即购买好’，还是该突出‘加入购物车好’”的问题。他之所以在思考这样的问题，是因为他认为购买流程对电商来说是至关重要的，而之所以有这样的困惑，则是因为他发现了两种不同的购买流程。在宝贝的详情页上，淘宝网突出的是“立即购买”，而京东和亚马逊突出的则是“加入购物车”。这就让他十分不解，因为淘宝是最大的电商，之所以这么做肯定有自身的道理，但是淘宝的电商平台和该电商公司的性质不同，而京东和亚马逊的模式与其更相像；但是这两家公司又没有淘宝做得规模大。

从这个问题来看，这个电商同仁思考问题的角度已经是非常深入了，对这个问题的方方面面都进行了考虑。当时，我并没有给他我的解决方案，因为我也不知道该怎么解决，于是我就只说了一句话：“先切出一部分流量来试试。”我这样做的目的是，我希望在还没有开局之前先能够有一些变化的东西呈现出来，然后用这个变化来进行破局。破局之后肯定就会有数据收集回来，有了数据之后，就有了一个可以参考的原材料。就像在格斗中那样，几下试探之后，高手一般就能够找到对方的攻防套路，就能够针对对方的套路进行有效的攻击。

然而，破局后问题也会随之而来：收集了数据之后又该怎么做？怎么样才算是好的，怎么样才算是不好的？这又是一个大问题。要解决这个问题，就要去衡量破局之后的每一个数据变化。

衡量每一个变化

在变化中，找到正确道路的方式是要能够去判断什么是对的、什么是错的。然后，把对的保持下去，把错的摒弃掉。如果无法有效地衡量这些变化，这样的变化就是无意义的。

我们可以再看一下之前提到的那个应该是突出“立即购买”，还是“加入购物车”的案例。如果数据出来了，最后测试的结论是突出“立即购买”的转化率要高于突出“加入购物车”的转化率，那这时，是不是就应该下结论说这个电商网站就应该进行网页改版，做成像淘宝那样突出“立即购买”，或者至少也应该在“立即购买”和“加入购物车”上设置同样的比重。问题如果如此简单的话，那我想，思考就太过容易了。

在讨论这个指标之前，我们还有一个更加重要的目标是，让这个电商网站能够有更高的销售额。在通常情况下，电商有一个非常简单的公式：销售额 = 访问人数 × 转化率 × 客单价。所以，对于这次改动的衡量，除了看转化率有没有下降之外，还要关注另外两个指标。在这个案例中，会不会是因为直接购买更加方便，而导致购买的笔数有所减少，使得单价有所降低？这个降低减弱了转化率提高的效果，甚至对销售额的增长起到了反向的作用。从人的角度来看，到底是哪些人对这样的改变比较敏感，哪些人不敏感，对通过广告投放引进来的人有没有什么改观等。**所以，衡量就是要在目标确定的基础上，能够对一些变化作出有效的判断。**就如在格斗中一样，我需要判断的是，对方的变化会对我的获胜有什么影响，我的出招对获胜有什么影响。如果无法衡量一次变动带来的各个方面的影响，那这样的变动就只能算是一次没有积累的变动，就有点自娱自乐的嫌疑了。

对于电商企业，衡量变动时需要有两个大的前提：一个前提是要保证数据是能够被有效地记录下来的，另一个前提是数据是能够被有效地解读的。不少产品经理在设计自己的产品时，可能会花费很多精力在产品本身的设计上，却没有花费精力去思考如何来衡量产品的成功与否。对于成功与否这个话题，通常只会在他们的产品文档中写上一句类似于“客户体验有所提升”的空话，这样的产品自然不会设计数据收集的点，自然也就没有可以衡量的行为可言。还有一类产品经理设计了数据收集的方案，但是这些数据并没有被实际运用或者只是被有限地使用，那么，这样的衡量也是缺失的，不利于进一步的改进。当然，就如格斗一样，一招之内决定胜负是不可能的，通常一次战斗会持续很多回合，所以我们需要对每一次变动都进行衡量，同时也要对每一次变动有所反馈，用这一数据作为下一次变动的基础。

对于整个格斗过程而言，反馈起到了链条的作用，只有通过反馈把变动串联在一起，才能让整个变动过程向着胜利的方向发展。

持续的反馈

在思考过程中，反馈是一个非常重要的环节。**如果说格斗中的稳定来自于动态，那么思考中的稳定就来自于变化环境下的不断反馈。**每一次反馈都会是迂回中一个新的起点，也会是一个新的衡量的开始。在持续的反馈过程中，整个思考过程将会变成一个有效的环路，这个有效的环路就如同自行车上的链条一样，能够将动力传导到车轮，从而带动车子向前行驶。

大数据环境瞬息万变，基本每一秒都会产生不同的规则。10年前，谁也不会预测到网络零售能够超过万亿规模；同样，10年后，我们也无法预知社会到底会变成什么样子。在面对飞速变化的环境时，对环境变化的适应尤为重要。就像在格斗中，面对对手不断变化的招式时，自己也需要不断地去调整自己的招式来应对。否则就会像程咬金的“三板斧”一样，虽然看起来威力无穷，但是一旦三招用完，就再也没有什么新东西了，只有催着他的宝马大肚子蝈蝈红逃跑了。我曾经和一些电商交流，在谈到运营数据的问题时，我指出，很多时候我们往往只对数据进行简单的衡量，并没有对数据进行持续的反馈。

所谓持续的反馈，就是在衡量的基础上，评价某一个变动到底是不是起到了很大的作用，并确定数据的变化确实是因为这次改变而出现的。现在，很多电商吸引用户的方式都是采用线上广告，这就是一个需要不断反馈的过程。比如今天我投放的媒体到底怎么样，可能一天的数据没法给出解释，需要通过很多天的数据来做决定。需要观察这个媒体的投放效果好不好，对哪些商品来说是好的，对哪些商品是不好的；效果好的商品是不是可以加大投入，效果不好的商品是不是需要更换媒体；对哪些用户是好的，对哪些用户又是不好的，等等。这都是需要解决的问题。对于一些新成立不久，还没有建立良好口碑的企业而言，这种不断的反馈将会在很短的时间内就建立起属于自己的经验体系。

寻找爆发点

像李小龙一样去做商业博弈，其中涉及很多方法，而这些方法的最终目的当然是要获取战斗的胜利，所有的迂回、衡量和反馈最终的目的就是为了寻找战机的出现。

我在上海认识一位研究国学的高人，我曾经向他请教过如何读《孙子兵法》这本书，他当时对《孙子兵法》做了一个非常精要的概括：战机。如果要读懂孙子兵法，就必须从中读懂如何去寻找战机，而《孙子兵法》中有很多章节与我们写到的迂回、衡量和反馈的方式非常接近。在《孙子兵法》中，有一句话叫作“多算胜，少算不胜，而况于无算乎”。用我们现在的话来讲，就是选择迂回前进，在运营数据中衡量每一个变动，并通过变动的结论来调整自己的下一个迂回动作。

> 对于“战机”，我想用一个简单的例子来说明。比如，有两辆坦克，一个射程是 3 000 米，一个射程是 300 米（我不是军事专家，可能射程的说法有些不妥），如果射程 300 米的坦克想要获胜，那它应该如何去寻找战机呢？首先，这个射程为 300 米的坦克要知道对方的射程和己方的射程，如果它处在对方的射程之内、自己的射程之外，那只有当靶子的份儿；其次，要找到一个合适的方案，是迂回前进，还是做好伪装等待对方靠近；最后，如果在射程内，用什么方法击中敌方，这就是寻找战机的过程。当然，如果对手没有按照自己的假设来，则可以通过对手的一些情况不断地完善方案，最终寻找出一个正确的方案。

类似的情况在企业中也屡见不鲜。我认为，未来的数据角色对企业而言就像决斗一样，如果两个人的水平差不多，多“算”的人就会胜利，而数据就是“算”的核心。但是，在寻找战机和“算”的过程中，还有一个需要非常注意的点，即分析方法一定要客观和理性，在经验不是特别丰富的情况下，千万不能盲目地用数据去观察问题，要保持相当清醒的头脑，不能让潜意识迷惑自己。

总的来说，战机就是基于不断的迂回、衡量和反馈，通过合理有效的逻辑思考方法来找到问题的关键点、问题的主干，因为抓住主干才能获得成功。

前面提到了很多点，都是在动态中去寻找战机的方法，而在这些动态中寻找到的战机，如果能够抽象出来，就是一件事情的主干。**我认为“主干”就是一件事物最原始、最核心的规律。**举一个简单的例子，我们说“打蛇打七寸”，“七寸”就是打蛇的一个主干，当然这个主干肯定是基于无数打蛇经验得出的。如果碰到一条蛇，我们没有打到七寸，那可能会受到它的攻击，甚至可能丧命；如果我们打到七寸，则可以轻松获得成功。我把这种抓住主干，然后通过主干解决一系列问题的情况叫作“爆发”。但是有一点一定要明确，除非我们可以肯定自己的环境与别人是完全一样的，否则别人的爆发不一定就是我们自己的爆发。换句话说，**别人的主干问题不是你的主干问题，所以简单套用解决方案的做法可能会害死自己。**以前传统企业一窝蜂地登录 ERP 系统，这些年 IT 公司又一窝蜂地搞云计算，这些就是简单套用别人的解决方案解决问题的失败案例。

在使用数据的过程中，其实也存在爆发。我之前写过一篇文章，提到了“数据扮演的三种角色”，分别是：第一个阶段，有多少数据就收集多少数据，数据只从点上指导运营，并不指导战略和方向；第二个阶段，数据要精准化，数据之间开始有了关系，担当的角色从点到线或者面，就可以为战略作参考了；第三个阶段，做数据模型，分析外围数据开始变得异常重要，它可以为公司的下一步战略找到出路。在这三个阶段中，数据真正能够充当爆发角色的，一定是第三阶段。但是，如果没有前两个阶段收集和积累问题作为铺垫，那么，第三阶段的爆发点就不一定会出现，即便是真的出现了，也需要对其真实性进行考量。

爆发，是做每一件事情和解决每一个企业问题的人都需要考虑的，尤其是做数据的人，一定要时时刻刻想到数据能够为企业产生什么价值，能够用数据解决什么问题，是不是能够用数据来发现企业中的爆发点。如果做数据的人时刻都有这样的意识，那企业将会因为数据获得非常大的收益。

所以，我始终有一个看法：寻找爆发点的过程，其实就是自己和自己战斗的过程。在这之中需要不断忍受痛苦和折磨，不断尝试和精进，直到找到了自我突破点。

请记住，在很多时候，决斗对象不一定是他人，而是自己。

人在修行的路上，不要单打独斗

我相信一切善良的力量都会有善果，生命中那些有声和无声的人，都会以他们的方式存在、生活，在你和他人修行的道路上，看见彼此、发现彼此和祝福彼此。

结缘甘孜

9 年前，我只身来到上海。有一天，忙累之余，我学佛的上师忽然问我："品觉，你要不要去甘孜看一下？"我当时没有想太多，就回答说："好啊，去就去吧。"是的，正是这一去完全改变了我后来的生活。

我的上师是雪谦寺的活佛，在我与他结缘时，甚至连甘孜的"孜"怎么念都不知道。上师很少和我说一些大道理，第一次去甘孜，他只是带着我，也不让我问行程。到了甘孜之后，上师让我去看看当地的孩子们。说实话，他们的生活状态给了我极大的冲击：五六十个孩子没有鞋子穿，也吃不饱，和老师们一起挤在破帐篷里。吃、住和教学都在 40 平方米的破帐篷里，映入眼帘的是他们破旧的穿着和脸上的笑容……我当时什么都没有说，作为一个饱经沧桑的老男人，在那一刻，我竟然哭了。

我不骗你，现在回想起来，我都不知道自己为什么会流泪，也正是从那个时候起，我就下定决心：我要为这些孩子们做些什么，而且不能再等了。有些事情，可能是冥冥之中注定的，从 2009 年开始，我开始拉身边的人捐款，不够的就自己贴，以此保证每个月给 100 个学生每人 100 元钱的生活费。

你可能会问："为什么那个时候，你如此信任那些帮你们管理捐助金的人？"因为那个时候的管理者是五明佛学院的大堪布，他们负责帮助学校设计课程，管理孩子们的衣食住行，对于学佛的人而言，这一点，非常可靠，也让我们这些捐助者没有后顾之忧。

自此，在工作之余，我的生命里多了一股无法妥协的力量——如果月底不按时把钱汇过去，孩子们就会没饭吃。这种原动力，就像一个幸福的鞭子，一直在身后激励着我。

信任，电商人的温暖

甘孜受助的孩子中，有的是孤儿，有的家境极其困难。2011 年，我发现自己贴的钱越来越多，因为孩子人数从 100 个增加到了 200 个，而且还在不断地增加。当时我日思夜想的就是，我必须要想办法让增加的孩子也能吃饱饭。

经常有人问我："为什么要自己掏钱？你也只是一个普通的打工者而已，这就是一个无底洞。"我说不清楚，也答不上来，再说普通话也不好，也就无从为自己辩护。可是每一次去甘孜，看到孩子们的身体越来越好，老师们也很认真地在教学，再看看孩子们考试时自信的样子，我就知道，我必须坚持下去。这种力量，是亲眼所见带给我的，也是外人无法体会的。

后来，我觉得不能太依靠身边人的捐助，我必须建立一个长期滚动的体系。因此，2011 年，在家人及朋友的支持下，我开了淘宝店“桑珠贝玛”。这个店铺里主要是销售一些佛珠和茶叶，很多朋友也会将商品放到上面来义卖，所得款项全部捐给甘孜的孩子们。正是因为这个淘宝店，我开始养成早上四点半起床做“品觉晨读”的习惯，主要是为店铺引流量，偶尔也做做客服，并利用空余时间去采购，当时我几乎是一个人把所有事情都搞定了。所以，从另一个侧面来看，我深深地了解到做一个淘宝卖家有多难。就这样不断坚持，之后店铺里每个月都有了七八千到一万元的收入，也算大大缓解了当时的危机。

品觉的话
人在修行的路上，不要单打独斗

但我明白，桑珠贝玛淘宝店能有如此的收入，大部分并不是因为我，而是归功于身边的好心人，而且我估计有一半的订单都是阿里巴巴的同事以及电商圈子里的朋友们下的。本来，在阿里巴巴，我作为一个高管，本人以及亲人都是不能开淘宝店的。在开店时，我对阿里巴巴廉政部说，如果我开店会给其他高管以借口，我宁可不开店。可是廉政部的同事对我说：“你继续做吧，只要每个月把收支公布出来，后面的事情我们来处理。”听完他们的话，我觉得自己没有来错阿里巴巴。

就在前不久，忽然有人给我的支付宝捐了两万元，这两万元让我惊喜不已。后来我才知道，原来是我在支付宝时的老板和同事们捐的。他们现在常常开玩笑说：“以后同事之间打赌，输钱的一方都给车品觉助学用。”虽然只是一句玩笑话，但同事们却真的这么做了，这让我很是感动。总之，阿里巴巴这家公司让我觉得自己没有来错。

还有一些电商圈的朋友，看都没看过甘孜的孩子，而且一次都没去过甘孜，却都在慷慨捐助。比如，唯品会的沈亚、亿邦动力网的郑敏、廖斌等好心人一直在暗中帮助我。有一次，唯品会的财务在做薪酬系统改动，到了月底捐助的钱还没有汇过来，沈亚对财务说，先把孩子们的钱给支出来，其他再说。他们对我没有任何怀疑，就这样相信我，这种信任是支撑我后来能够在助学路上一直坚持走下去的很重要的力量。

因为有一帮这样善良的人在帮助我，我更是要让每一元钱都对得起捐助的人。有时候，账目错了，少了点儿钱，我就自己补进去。佛教里面说："别人捐的钱是公德，一毛钱都不能进自己的口袋。"这也就是很多时候，我们在讲善的用心。

做公益，第一重要的其实不是钱

在甘孜助学的过程中，我和我的一些朋友们开始明白，做公益，钱很重要，但真的不是最重要的，比钱更重要的还有两样东西。

一是要专业。记得 2013 年，一个朋友捐了上百个羽绒睡袋，那时恰逢天气忽然从十几度骤降到零下几度。说实话，物资从那么远的地方运到甘孜，其实很不容易。当我们发睡袋时，我的心温暖极了。从收到睡袋到发放，我们都有条不紊，大家配合得也很好。还有一次，我们给孩子们捐衣服，但是发到最后，恰好少了一件，有一个孩子没拿到，他哭得很厉害。当时，我们把自己身上的衣服脱给他，但他就是不肯要。可能有人会嗔怪，孩子不懂感恩。但事实并非如此，孩子是很单纯的，他只是想追求和普通人一样的东西。所以说，做公益真的不是一件容易的事情，其中需要计划得很细致，还要考虑到各个方面。因此，专业很重要，否则非常容易在过程中无意伤到孩子。

另一样重要的东西就是爱和用心。在甘孜助学的路上，这么多年，我有幸可以碰到许多有心的人。他们甚至从来不询问结果，只是选择无条件

品觉的话
人在修行的路上，不要单打独斗

地信任。有很多人，捐钱捐东西，从来不会去寻求所谓的回馈和回报。在这些人心里，只有一个信念："你做了，我相信你，我相信只要对孩子们好，我们用心就好了。"这让我很感动。2010 年，我们去甘孜的每个学校看孩子，很多学校连路都没有，中途迷路了，凌晨两点才到了一个小镇，安顿下来后我做了西红柿炒鸡蛋给同行的志愿者吃，他们说这是他们吃过最好吃的东西。这盘菜真的炒得那么好吗？不过是在那种情景下，大家都感觉有一种使命，必须找到那所学校，而围在一起吃一盘菜的温馨画面确实让人动容。

有很多人都在默默地做着很多事情，有的爱很直观，有的爱默默无闻。比如，我曾经和银泰网的 Robin 和今夜特价酒店的 Mars 说，我们自己是靠专业技能吃饭的，我的愿望就是，不仅是要让不能读书的孩子能读书，还要让他们也能靠自己的专业技能谋生，这才是真正的好事。随后，他们两个人都开始把出去讲课赚的钱捐了出来。

同行的很多人，总是令我觉得自己做得还不够。今年，我们再一次一起去甘孜，去之前我就在筹划写一本数据方面的书，筹划这本书的初衷是：一方面，利用自己这么多年做数据的经验和专业知识，把一些方法集合出来分享给大家；另一方面就是想筹集更多的钱来帮助更多的孩子吃饱饭，接受教育。而在这本书的筹备中，很多人都在出力。在去甘孜的路上，上师对我说："不忘初心，才会收获善果。"这句话，深深地植入我心，因为任何一个人善意的初心，一定会换来善果的。

我也改变了自己

我的一生并不像别人那样按部就班的学习、毕业、工作，一路走来我都是跌跌撞撞。我想，如果运气不好，现在的我很可能在路边帮人修车，在厨房给人炒菜，甚至加入黑社会。我大学毕业时，连我老爸都哭了，他感觉这个孩子是被救回来的。我曾经有机会好好读书，但却没有，之后才浪子回头，我深深知道读书对于人有多重要，那是进入社会的门票。而现在，我看到这些孩子们连读书的机会都没有，顿觉世界的不公。这大概就是我与这群孩子结缘的原因吧。

有人问我，是不是看到一个孩子在自己的帮助下成长，会很有成就感。实际上，我们并没有特别关注哪个孩子，大家之间交流比较少，因为语言不通，只是每年会去看望他们一次。我最大的快乐就是，这些孩子能吃饱，而在吃饱的同时还能接受教育。

也正因为结了这样的缘，忙与累也变成了一种快乐。比如，这些年我每天坚持四点半起床，把每天重要的电商新闻摘出来发微博，因为我知道，每天只发一条淘宝店义卖的微博是不会有人看的，只有积累，大家才会看到你的用心。除此之外，我还养成了长期坚持早上阅读和打坐的习惯，这也让我对行业的了解更深，对于我的工作和生活来说都是好事情。

正因如此，上师对我说："你知道吗？2006 年的品觉是一个很讨厌的人，现在却变化很大。"上师说的没错，在这个过程中，我也能感觉到自己心态的变化，我开始更少地去考虑自己，像上师说的，我开始学会把自己放在更低的位置，在这场修行中，我学会了放松，而世界似乎也更广阔了。

这是一个互联网的世界，每个人都不应该单打独斗。而我也还在修行的路上，一切还没有结束……

未来，属于终身学习者

我这辈子遇到的聪明人（来自各行各业的聪明人）没有不每天阅读的——没有，一个都没有。巴菲特读书之多，我读书之多，可能会让你感到吃惊。孩子们都笑话我。他们觉得我是一本长了两条腿的书。

——查理·芒格

互联网改变了信息连接的方式；指数型技术在迅速颠覆着现有的商业世界；人工智能已经开始抢占人类的工作岗位……

未来，到底需要什么样的人才？

改变命运唯一的策略是你要变成终身学习者。未来世界将不再需要单一的技能型人才，而是需要具备完善的知识结构、极强逻辑思考力和高感知力的复合型人才。优秀的人往往通过阅读建立足够强大的抽象思维能力，获得异于众人的思考和整合能力。未来，将属于终身学习者！而阅读必定和终身学习形影不离。

很多人读书，追求的是干货，寻求的是立刻行之有效的解决方案。其实这是一种留在舒适区的阅读方法。在这个充满不确定性的年代，答案不会简单地出现在书里，因为生活根本就没有标准确切的答案，你也不能期望过去的经验能解决未来的问题。

而真正的阅读，应该在书中与智者同行思考，借他们的视角看到世界的多元性，提出比答案更重要的好问题，在不确定的时代中领先起跑。

湛庐阅读 App：与最聪明的人共同进化

有人常常把成本支出的焦点放在书价上，把读完一本书当作阅读的终结。其实不然。

时间是读者付出的最大阅读成本

怎么读是读者面临的最大阅读障碍

“读书破万卷”不仅仅在“万”，更重要的是在“破”！

现在，我们构建了全新的“湛庐阅读”App。它将成为你“破万卷”的新居所。在这里：

- 不用考虑读什么，你可以便捷找到纸书、电子书、有声书和各种声音产品；
- 你可以学会怎么读，你将发现集泛读、通读、精读于一体的阅读解决方案；
- 你会与作者、译者、专家、推荐人和阅读教练相遇，他们是优质思想的发源地；
- 你会与优秀的读者和终身学习者为伍，他们对阅读和学习有着持久的热情和源源不绝的内驱力。

从单一到复合，从知道到精通，从理解到创造，湛庐希望建立一个“与最聪明的人共同进化”的社区，成为人类先进思想交汇的聚集地，与你共同迎接未来。

与此同时，我们希望能够重新定义你的学习场景，让你随时随地收获有内容、有价值的思想，通过阅读实现终身学习。这是我们的使命和价值。

湛庐阅读App

思想者的
声音图书馆

倡导亲自阅读

不逐高效，提倡大家亲自阅读，通过独立思考领悟一本书的妙趣，把思想变为己有。

阅读体验一站满足

不只是提供纸质书、电子书、有声书，更为读者打造了满足泛读、通读、精读需求的全方位阅读服务产品——讲书、课程、精读班等。

以阅读之名汇聪明人之力

第一类是作者，他们是思想的发源地；第二类是译者、专家、推荐人和教练，他们是思想的代言人和诠释者；第三类是读者和学习者，他们对阅读和学习有着持久的热情和源源不绝的内驱力。

图书在版编目（CIP）数据

决战大数据（升级版）：大数据的关键思考 / 车品觉著 .—杭州：浙江人民出版社，2016.4（2021.5重印）

ISBN 978-7-213-07227-7

Ⅰ.①决…　Ⅱ.①车…　Ⅲ.①企业管理–数据管理　Ⅳ.①F270.7

中国版本图书馆 CIP 数据核字（2016）第 053493 号

上架指导：经济趋势 / 大数据

本书法律顾问　北京市盈科律师事务所　崔爽律师

张雅琴律师

决战大数据（升级版）：大数据的关键思考

作　　者：车品觉　著

出版发行：浙江人民出版社（杭州体育场路347号　邮编　310006）

市场部电话：（0571）85061682　85176516

集团网址：浙江出版联合集团　http://www.zjcb.com

责任编辑：朱丽芳

责任校对：陈　春

印　　刷：肥城新华印刷有限公司

开　　本：720mm ×965 mm　1/16　　**印　　张：**19.5

字　　数：19.8万　　**插　　页：**1

版　　次：2016年4月第1版　　**印　　次：**2021年5月第9次印刷

书　　号：ISBN 978-7-213-07227-7

定　　价：56.90元